军队院校
外语教学与研究论丛

第八辑

主　编：王传经　马晓雷
副主编：刘源源　施　思　孙金华

外语教学与研究出版社
FOREIGN LANGUAGE TEACHING AND RESEARCH PRESS
北京 BEIJING

图书在版编目（CIP）数据

军队院校外语教学与研究论丛. 第八辑 / 王传经，马晓雷主编；刘源源，施思，孙金华副主编. -- 北京：外语教学与研究出版社，2024.2
ISBN 978-7-5213-5076-0

Ⅰ. ①军… Ⅱ. ①王… ②马… ③刘… ④施… ⑤孙… Ⅲ. ①军队院校－外语教学－教学研究 Ⅳ. ①H09

中国国家版本馆 CIP 数据核字 (2024) 第 050046 号

出 版 人　王　芳
责任编辑　付分钗
责任校对　闫　璟
封面设计　刘　冬　高黛琳
出版发行　外语教学与研究出版社
社　　址　北京市西三环北路 19 号（100089）
网　　址　https://www.fltrp.com
印　　刷　北京九州迅驰传媒文化有限公司
开　　本　787×1092　1/16
印　　张　13.25
版　　次　2024 年 3 月第 1 版 2024 年 3 月第 1 次印刷
书　　号　ISBN 978-7-5213-5076-0
定　　价　68.90 元

如有图书采购需求，图书内容或印刷装订等问题，侵权、盗版书籍等线索，请拨打以下电话或关注官方服务号：
客服电话：400 898 7008
官方服务号：微信搜索并关注公众号"外研社官方服务号"
外研社购书网址：https://fltrp.tmall.com

物料号：350760001

军队院校外语教学与研究论丛
（第八辑）

主　编：王传经　马晓雷

副主编：刘源源　施　思　孙金华

编　委：（按姓氏音序）

陈春华　陈　莉　陈　丕　陈师瑶　崔傅权

董　昊　窦文辉　方　卫　葛　军　贡卫东

何苏宁　胡小棠　姜才胜　李丙午　李　菁

李　璘　李小花　李永芹　李志雪　梁晓波

刘源源　陆丹云　吕贝妮　马晓雷　庞超伟

邱　敏　施　思　孙金华　孙渝红　田文杰

王传经　王红霞　王　群　王忠奎　杨晓冬

张　宝　赵　蜜　周玉梅　朱小平　朱　燕

朱志华

前　　言

　　提升高素质新型军事人才的外语水平，是打造世界一流军队的必然要求。作为军队院校一门重要的基础课程，外语教学在培养军校学员全球战略思维、全域作战素养、全职胜任能力等方面发挥着不可替代的重要作用。近年来，军校外语教学坚持面向战场、面向部队、面向未来，在强化姓军为战导向、挖掘思政育人内涵、重构军事英语内容、创新方法手段等方面，探索并实践了诸多具有建设性的新理念、新举措。为推动全军院校总结外语教学经验、交流为战育人体会、探讨改革发展方向、凝聚奋进一流信心，军队院校英语教学联席会原计划于2021年底在湖南长沙召开英语教学研讨会。全军院校外语工作者积极响应，虽然受疫情影响会议未如期举办，但我们仍希望通过编辑出版论文集的方式，促进思想交流、经验借鉴和成果推介。

　　本次研讨会共收到稿件173篇，本次收录的是经专家匿名评审选出的优秀论文。专家普遍反映，此次研讨会的论文立意高、选题准、内容实、质量优，在教学改革与实践、教学理论研究、课程思政育人、军事英语转型、教学方法模式、教学资源与工具、国防语言能力建设等领域，形成了一批可借鉴的研究成果。

　　课程思政育人方面，大家普遍认为，军校外语教学必须坚持为战育人、立德树人。外语教学内容丰富、方法灵活，在培塑学员军人品质、科学精神、家国情怀、人类命运共同体等方面可以发挥重要作用。外语思政教学应避免生硬的说教，要强调"润物细无声"的教学模式，努力营造令学员"豁然开朗"的思政瞬间。

　　教学改革与实践方面，大家普遍认为，军校外语教学必须深入贯彻习近平强军思想，以新时代军事教育方针为引领，推动外语教学军事转型升级。既应注重借鉴普通高校通用外语教学的先进经验，也应注重突出军校外语教学的军事特色。必须以战领教强化外语教学的向战属性，聚焦军人战斗精神培育，推动外语教员队伍军事转型。

　　教学理论研究方面，大家普遍认为，应加强军校外语教学目标的整合，建构具有鲜明军事特色的外语能力目标框架。应充分借鉴二语习得、教学法、测试学等领域的理论方法，理清外语教学各能力目标的实现路径。应进一步加强军事外语需求分析、课程模块构建、实践体系建设和评价指标体系研究。

教学方法模式方面，大家普遍认为，军校外语教学必须坚持产出导向、思辨依托、情境模拟。应积极开展基于典型军事任务情境的外语教学，帮助学员在"身临其境"中内化语言能力、融合军事知识、磨炼岗位意识。应积极开展语言与内容相融合的教学，实现语言能力和军事知识的同步发展。

教学资源与工具方面，大家普遍认为，军校外语教学应力争插上信息化的翅膀。应以"有效促学"为目标，大力开发慕课、微课、案例库、题库、自主学习平台、自主评测系统，以满足混合式教学、翻转课堂、移动学习、泛在学习等多种教学形态的新要求。应加强军事英语教材建设，推动建设区别于普通高校通用英语教学模式的内容体系。

国防语言能力建设方面，大家普遍认为，语言能力是军队战斗力的重要组成部分。建设与硬实力相匹配的语言能力，是提升军队行动力、威慑力、博弈力、传播力的重要一环。目前，我军国防语言能力的现状仍有短板弱项。应加强国防语言人才队伍建设、国防语言能力指标体系建设、国防语言战备运行机制建设、新型语言智库建设等。

此前，在外语教学与研究出版社鼎力支持下，我们先后出版了7本军校外语教学与研究论文集。鉴于本次论文投稿数量多、质量高，我们决定将优秀论文分两辑结集出版，分别为《军队院校外语教学与研究论丛》第八辑和第九辑，本文集为第八辑。相信这两本论文集能够为推动军校外语教学质量提升、促进军事外语教学思想传播、扩大军事外语教学研究影响力做出重要贡献。

衷心感谢联席会各位委员和各外语教研单位的大力支持，感谢论文作者的宝贵赐稿。由于水平能力有限，论文难免存在不足，恳请读者批评指正。

编者

2023 年 7 月 16 日

目　　录

军事外语教学改革与实践

外语教学理论研究

军事外语课程思政教学

军事外语教学方法模式

军事外语教学资源与工具

国防语言能力建设

军事外语教学改革与实践

适应空军建设发展需求构建空军特色的大学英语课程教学体系

田文杰　　陈彩霞

（空军工程大学，陕西西安，710051）

摘要：本文以新时代军事教育方针为指导，以"为战育人"为目标，依据《空军工程大学人才培养方案》，从大学英语课程体系的层次性、目标的综合性和内容的多样性出发，基于教学改革实践，构建空军特色"三位一体"的大学英语课程教学体系，提升学员英语语言应用能力和拓展学员国际视野，满足国际军事交流对学员外语能力的要求。

关键词：大学英语；课程体系；军事英语；空军特色

1. 引言

随着世界各国新军事变革的深入和中国军队改革的深入推进，外语素质已成为我军新型军事人才的重要素质之一。根据国家语言战略线路图，美国空军早在2005年就已经确定了其官兵应该重点掌握的几门外语，并将外语能力水平作为晋升和涨薪的重要依据。根据2009年《北约标准化协议6001》，北约国家对其军事人员的外语能力在听、说、读、写、译五方面做出了不同等级的量化要求。作为一名现代军官，掌握好英语这个工具，有助于跟踪世界军事变革前沿动态，学习和借鉴其他军事强国军队建设经验。因此，军队院校大学英语课程教学应着力培养学员英语应用能力、跨文化交流、批判性思维和自主学习能力，拓展国际视野，适应职业发展和对外军事交流需要。

2. 构建空军院校特色大学英语课程体系的理论依据

2.1 大学英语课程体系的层次性

根据2020年教育部颁布的《大学英语教学指南》，大学英语课程不是一门单独的课程，而是一个充分体现各个学校大学英语教学目标的课程体系，"即将综合英语类、语言技能类、语言应用类、语言文化类和专业英语类等必修课程和选修课程有机结合，确保不同层次的学生在英语应用能力方面得到充分的训练和提高"。2018年军委训练管理部下发的《军队院校大学英语教学大纲》指出，军队院校在大学英语课程体系的设计上，要着眼打牢现代军官科学文化素养，围绕岗位任职对其军事英语综合能力的需求，设置多类型英语课程，包括通用英语、军事英语、军事专业英语、跨文化军事交流等课程。

2.2 大学英语教学目标的综合性

教育部《大学英语教学指南》指出，大学英语课程不仅是一门语言基础课程，也是拓宽知识、了解世界文化的素质教育课程，兼有工具性和人文性。因此，设计大学英语课程时也应充分考虑对学生的文化素质培养和国际文化知识的传授。根据《军队院校大学英语教学大纲》，军队院校大学英语同时具有军事性特征，旨在培养英语语言应用技能、学习策略、跨文化交际和对外军事交流能力，提高其专业及军事英语技能，实现知识、能力和素质的协调发展，为使用英语遂行多样化军事任务做准备。

2.3 大学英语教学内容的多样性

《大学英语教学指南》指出，大学英语教学应以英语语言知识与应用技能、跨文化交际和学习策略为主要内容。《军队院校大学英语教学大纲》指出，军队院校大学英语教学既要注重通用英语知识学习和技能训练、对象国知识学习、跨文化交流能力培养，更要加强军事英语知识学习和技能训练、军事知识学习和跨文化军事交流能力培养。因此，军校大学英语教学内容应体现军校专业特质。

3. 构建军校大学英语课程体系的现实背景

近年来，许多军队院校相继开展了大学英语教学课程体系的改革和实践，取得了明显的成绩。笔者通过调研了解到，海军大连舰艇学院在海军英语、陆军工程大学在陆军工程专业英语、国防科技大学在维和任务英语课程建设方面均取得了丰硕的成果，在突出英语教学的军事特色和提高学员军事英语应用能力方面进行了有益的探索。此外，空军院校也陆续进行了英语教学的改革。空军工程大学在大学英语中增加了通用军事英语阅读和外国空军概况，空军航空大学开设了飞行专业英语，对现有的大学英语课程体系做出了有益的补充。军队院校外语教学团队相继出版了《新时代军事英语教程》《军事英语听说教程》《通用军事英语阅读》《新军事英语：工程兵工程与技术》《新军事英语：气象与海洋水文》《新军事英语：军事装备与武器》《新军事英语：陆军兵种指挥与技术》《新军事英语：军事航天航空工程与技术》《新军事英语：军事思想、作战与训练》《新军事英语：信息工程与技术》《海军实用英语》《武警英语：内勤》等教材。

4. 构建军校特色大学英语课程体系的客观需要

4.1 部队职能的拓展对军事人才外语素质提出了更高要求

一是随着空军的转型发展和对外交流，空军遂行境外多样化军事任务日益增多，内容日趋广泛。这些行动和任务无疑拓展了空军职能新的时代内涵，迫切需要一大批军事专业精、外语能力强的高素质军事人才。二是为了进一步贯彻落实新时代军事教育方针，提升大学为战育人水平，积极适应大国空军走出去的需求，迫切需要不断提升学员英语语言应用能力和拓展学员国际视野，满足国际军事交流与合作、中外联演联训等任务对学员外语能力的要求。

4.2 学员个人能力提升和未来职业发展的需求

笔者通过对多名参与和参加中外空军联演联训和其他军事交流任务的我校生长本科毕业生调查发现，绝大多数毕业生认为我校大学英语教学军事内容渗透不够，缺乏空军特色，难以满足他们执行各类国际军事交流的需求。尤其是，90%的毕业生认为对我校开设的军事英语类课程设置门类单一，课时数少，无法提高军事英语应用能力。

5. 具有军校特色的大学英语课程体系的基本构架

空军特色大学英语课程体系的设计必须以实现军队院校大学英语教学目标为指导原则，即培养学员的英语综合应用能力，提高综合文化素养，使他们在今后的工作中能用英语有效进行交流，适应空军建设与发展的需要。

5.1 基本原则

依据教育部《大学英语教学指南》《军队院校大学英语教学大纲》《空军工程大学本科人才培养方案》以及《空军工程大学关于加强本科学员外语能力培养的实施意见》，贯彻"为战育人"的教育理念，遵循"语言能力与军事专业融合"的原则。

5.2 基本思路

以空军对外军事交流、装备保障等多元任务对外语能力的需要为牵引，以完成编写《空军军事英语系列教材》为基础，构建具有空军兵种特色的完备的"大学英语（军事）"课程体系，丰富"大学英语（军事）"教学内容体系，满足英语教学四年不断的教学需求，优化学员的英语知识和能力结构，全面提升学员军事专业英语应用能力和对外交流能力。

5.3 课程体系

构建具有空军军兵种特色的"三位一体"的大学英语课程体系，即通用英语＋通用军事英语＋空军军兵种英语。其中通用英语课程依托国家级规划通用英语教材，通用军事英语课程依托全军统编的军事英语教材。而空军军兵种英语类课程则依托自编教材，主要包括《世界空军概况》《航空工程英语》《防空反导英语》《信息与导航英语》《无人机工程英语》《空中作战与规划英语》和《空军对外交流英语》。

《世界空军概况》和《空军对外交流英语》为所有专业必学内容，前者着眼于我国空军的未来发展，立足"知彼知己"的现实需求，主要介绍我国空军和其他主要国家空军的发展历史、战略理论、编制体制、人员培训、作战训练、武器装备和后勤保障等方面内容，旨在拓展学员的国际视野，丰富有关外国空军方面的知识，优化知识结构。后者则着眼于大国空军走出去的需求，满足海外驻军、中外联演联训等典型任务对外语交流能力的要求，旨在提高学员准确、熟练根据场景进行应用交流会话的能力，顺利完成国际军事交流任务。

《航空工程英语》《防空反导英语》《信息与导航英语》《无人机工程英语》和《空中作战与规划英语》五门专业性较强的英语课程则为不同专业类别的学员开设，课程着眼于空军航空兵部队、地空导弹部队和空军通信部队联演联训和对外国际交流的需求，为提高军事专业英语能力和对外军事交流奠定基础。

6. 结语

总之，构建具有空军特色的大学英语课程体系是创新发展、深化大学英语教学改革的重要内容，它是军队院校之后几年大学英语教学改革的方向。今后，我们还将在实践基础上，通过广泛调研和研究，适时调整和改革课程体系，使我校大学英语教学顺应军队大学英语教学改革的趋势，为空军部队培养出更多高素质的复合型人才。

参考文献

[1] 大纲编写组. 军队院校大学英语课程教学大纲[M]. 北京：中央军委训练管理部，2019.

[2] 葛广纯. 军队院校外语教学中应处理好的几个关系[A]. 王传经. 军队院校英语教学与研究论丛（第七辑）[C]. 北京：外语教学与研究出版社，2016.

[3] 教育部高教司. 大学英语课程教学指南[M]. 北京：高等教育出版社，2020.

[4] 刘华等. 美国海军陆战队作战文化[M]. 北京：海潮出版社，2012.

[5] 王传经. 美军军官职业军事教育政策[M]. 北京：国防大学出版社，2013.

[6] 王少琳等. 中美军校外语教学比较及启示 [C]. 北京：军事谊文出版社，2014.

[7] 朱志华等. 构建我军军校英语教学体系的构想 [A]. 王传经. 军队院校英语教学与研究论丛（第七辑）[C]. 北京：外语教学与研究出版社，2016.

以"为战育人"为导向的军事英语课程体系的研究

姜才胜　王　垠　田红宁

（火箭军工程大学，陕西西安，710025）

摘要： 随着军事改革的不断深入，部队对军事外语人才的需求日益迫切，推动了军队院校英语教学的改革。构建军事英语教学体系是培养新型军事人才和应对国际形势、实现军队院校外语教育军事转型的必然要求。本文介绍了我校军事英语教学的开展，探讨了为提高学员英语军事技能、以"为战育人"为导向的军事英语教学体系的构建。

关键词： 部队需求；军事英语教学体系；英语技能；军事外语人才

1. 引言

随着改革开放和新时代军事变革的不断深入，我国军事人员的国际交往日益增多，交流也更加深入。以信息化为主要特征的现代高技术战争，对广大官兵的全面素质也提出了更高的要求。其中，外语素质已经成为现代军事人才诸多素质中不可缺少的重要组成部分。为此，军委训练管理部明确要求生长军官必须"具有阅读、翻译外文军事资料的初步能力"。军事英语教学和军事英语学科建设是摆在军队院校和外语教师面前的日益紧迫的议题。

2. 我校军事英语教学的开展

长期以来，军队院校与地方高校都以通用英语教学为主，使用相同或类似的英语教材，执行同样的课程标准，采用相同的教学评价指标。军校的外语教学没有"军味"、缺乏"特色"，教学内容与实际工作岗位需求相去甚远，学员军事外语能力不强，甚至很弱。对一些常见的军事英语术语不知其义，外军背景知识了解甚少，对外军资料和军事交流"说不清、看不明、听不懂"。

2015年，军委机关组织修订了全军生长军官军事基础和科学文化课程教学大纲，要求各院校从2017年秋季学期试行。新大纲一是增加军事模块，凸显"姓军为战"；二是明确军事英语能力等级要求，目的是提高学员英语的能力，拓宽国际视野，适应职业发展和对外军事交往的需要。

2017年7月，我校教务机关根据总部要求决定从2017级学员起开始按照新颁布的《大学英语教学大纲（试行）》实施大学英语教学。

军事英语的开设不仅可以丰富通用英语的宝库，甚至可以带动并影响通用英语的发展。学好通用英语可以为军事英语的学习打下坚实基础，而学好军事英语同样促进通用英语水平的提高。

3. 军事英语课程体系构建研究

根据ESP（English for Specific Purposes）理论，军事英语作为在特定语境、特定行业中使用的英语，是通用英语语言共核之外的部分，不经过专门学习是难以掌握的。

开展军事英语教学是部队发展的客观需要。科学技术的迅猛发展，新军事变革步伐的加快，对现代军事交流和军事人才的培养提出了新的要求。既精通专业又具有较强外语能力的复合型军事人才越来越受到部队的欢迎。

开展军事英语教学符合军队院校大学英语教学改革的目标。大学英语教学的目标是培养学员的英语综合应用能力，使他们在今后的工作和社会交往中能用英语有效进行口头和书面交流，提高文化素养，以适应我国社会和国际交流的需要。军队院校作为我国高校的重要组成部分，其英语教学和教学目标与地方高校有一致性。但是军校的英语教学只有和军事相结合，才能更好地服务于各类实际工作岗位需求。因此，开展军事英语教学既是贯彻国家外语教学法规的总体要求，也是军队院校职能所系。

开展军事英语教学有利于激发学员学习外语的兴趣。通用英语教学缺乏"军味"和"军事特色"，军事外语实际运用能力不强。军事英语教学，由于其教学内容与学员自身的生活息息相关、紧密联系，能快速提升他们在军事领域的英语知识和语言使用技能，学员不由自主地体会到学习和使用英语的乐趣，强化了他们的学习愿望，增强了学习的动力，也转变了他们对英语学习目的的认知。

4. 军事英语课程体系构建的主要做法

随着军队院校英语教学改革力度的不断加大，军事英语课程体系建设和教学研究也在深入进行。我校立足实际需求，不断改革创新，注重突出军事英语应用能力和军兵种特色，尝试建立我校完整的军事英语教学体系。

4.1 完善教学计划及课程设置

要改进军事英语教学，就必须调整大学英语课程设置和修订课程标准。学校教务机关根据国家和总部的相关要求，调整了我校大学英语课程设置，修订了其课程标准。

我校大学英语总课时220学时，内容包括通用英语和军事英语，分阶段在第一至第五学期完成。第一阶段以通用英语教学为主，在第一至第三学期完成，主要打牢学员的语言基本功，培养其英语使用能力。第二阶段以通用军事英语教学为主，在第四至第五学期完成。在通用英语基础上加入军事英语教学内容，以提升学员理解外军资料和涉外军事交流的语言技能。利用学员"值日报告"的机会大力开展第二课堂活动，积极营造学习军事英语的氛围。

4.2 编写专业英语教材

教材是教学内容的载体，是保证教学质量的一个重要环节。全军院校近几年涌现出一些军事英语教材，但由于教学目的与教学对象层次不同，这些军事英语教材差别较大，标准不一。军队院校英语教学联席会，根据训管部院校局的宏观规划和顶层设计，先后组织军队院校外语教学专家对外语教学的转型进行了调研论证，并根据调研论证结果，编写了《军事英语教学大纲》和《军事英语》系列教材，进行了军事英语师资培训和教学研讨观摩，积极探讨军事英语能力等级测评体系。

为增加军兵种英语教材的实用性，更好地完善我校军事英语教材体系，2020年，我校外语教师和相关专业教师经过反复论证和商榷，编写了专业军事英语教材《导弹武器系统概述》。该教材面向岗位任职需要，着力培养学员相关专业军事英语能力和素质。

4.3 制定军事英语测评体系

对于军事英语的测评，为了实现由"以考促学"到"以导促学"的转变，我们改变了以单一的期末考试决定成绩的方式，采取了"过程性评估"和"终结性评估"相结合的方式，将学员课内参加各种教学活动的表现、课后完成想定作业情况、课外自主学习的学时数及期末考试成绩相结合，按照一定的比例综合评定，给予学分。

4.4 加强教员队伍建设与转型

目前军校的英语教员大部分来自地方高校，非常缺乏军事专业知识。"军事英语，对相当多的英语教员来说是弱项，是短板。"改革军校外语教学，实现外语教学的军事转型，当务之急是加强师资队伍的转型建设。

我校外语教员主要通过利用各种资源和渠道的方式，弥补军事知识的不足，完善自身的知识结构。一是组织学习军事专业知识，为军事英语教学做准备；二是开展教学反思，到相关军事院校短期进修，观摩学习其他军事院校的军事英语授课，在实践中成长；三是培养团队意识，形成教学及科研"实践共同体"。学校相关职能部门也应外语师资队伍的转型建设给予了大力的支持。

5. 军事英语教学任重道远

突出军事英语特色的大学英语教学体系能够较好地提高学员的军事英语基本技能。通过军事英语的学习，学员不但可以提高英语水平和军事素养，还能够树立正确的外语学习价值观。军事英语不仅较好地补充和延伸了大学通用英语，而且还较好地衔接了后续专业课的学习，较好地满足了未来实际工作的需求。相信总部机关的顶层设计和指导、有军队院校英语教学联席会的全面推动落实和各校职能部门以及全体外语教师的积极配合，军事英语教学定能行稳致远。

参考文献

[1] 蔡基刚. ESP与我国大学英语教学发展方向 [J]. 外语界，2004（2）: 37-41.

[2] 季压西. 漫谈军校外语教学改革与军事转型 [R]. 解放军外国语学院讲座稿，2009-10-24.

[3] 教育部高教司. 大学英语课程教学要求 [M]. 上海：上海外语教育出版社，2004.

[4] 军委训练管理部. 大学英语教学大纲（通用英语＆军事英语）[S]. 北京：军委训练管理部，2016.

[5] 张金生. 军事英语教学：成就与问题 [J]. 洛阳：解放军外国语学院学报，2009（5）: 37-41.

[6] 中央军委训练管理部. 军事英语 [M]. 北京：国防工业出版社，2020.

[7] 周大军，李公昭，季压西. 军队院校外语教育军事转型之路 [J]. 海军工程大学学报，2012（9）: 90-93.

[8] 周时娥，孙利芹. 军队院校英语教学改革与转型的思考 [J]. 南宁：大学教育，2012（12）: 71-73.

三位一体军事外语教学体系构建

石雯君　　何丽娜

（空军工程大学，陕西西安，710051）

摘要： 从三位一体新型军事人才培养体系建设出发，探讨院校教育培养如何以素质模型为基准、以测评交互为辅助、以能力训练为核心进行体系建设；部队训练实践如何以军事训练任务为牵引、以个体和建制单位相结合、以大型任务为依托加以体系建设；军事职业教育如何以交互平台和虚拟现实场景为依托发挥体系作用。

关键词： 军事外语；教学体系；人才培养

1. 引言

中央军委印发的《关于加快推进三位一体新型军事人才培养体系建设的决定》(新华社 2020)，以强化新型军事人才培养体系设计为牵引，以发挥军队院校教育、部队训练实践、军事职业教育特色优势为重点，明确新型军事人才培养体系建设的总体要求。在此大环境下的军事外语能力素质培养需要搭建新型军事外语教学体系。

2. 院校教育培养阶段的体系搭建

2.1 以素质模型为基准的课程体系建设

世界一流军队的国防语言能力需要至少能够支撑如下任务：加强军事斗争准备，打赢世界强敌战争；参与和指挥国际多样化军事行动，完成多样化军事任务；加强国际军事交流，传播先进军事文化；积极发声构建形象，赢得强大话语权（梁晓波，2018）。军事外语能力素质模型需要一方面突出层次性和专业特点设计指标，另一方面突出遂行任务特点设计指标。军事外语课程体系的建构遵循由纵向和横向交叉组合形成一个分层、分类的结构体系。军事人才通过完成不同层级、类型的课程模块培训，获取相应的资格认定。初级资格的培养、审批由军事职业教育平台承担，高级资格的培养、审批由军事院校承担。

2.2 以测评交互为辅助的模块化教学模式建设

文秋芳（2008）提出"输出驱动假设"理论，认为："从心理语言学、职场英语需求和外语教学角度出发，以输出为导向的综合教学法驱动力更大，也更符合学生未来就业需要。"在人才培养前，先从"输出驱动假设"理论出发，以产出任务为教学起点，通过测评交互平台给学员一个军事外语产出任务，学员通过完成产出任务会有两个方面的收获：一是深刻感受到产出任务对未来实际工作和执行军事行动的巨大帮助；二是能够意识到自己语言能力的不足，增强学习的紧迫感。在学员完成自我认知和"输出驱动假设"后，教学组织者根据个体和群体模型的对比分析，将每一批培训人员进行分类。对不同类培训人员给出通用和专用的培训模块，进行有针对性的标靶式教学。培训中期，通过测评系统进行水平测试，对比初期的自我认知情况，检验培训模块的有效性和各个能力维度上的提升状况。培训结束后，再进行检验性测评，并提供针对性极强的测评量表，用来识别其能力水平进步状况，同时给出在军事职业教育平台上需要继续进修的课程模块。

2.3 以能力训练为核心的一体化想定教材体系建设

军队院校外语教学存在很多问题，诸如军兵种难以统一教材、语种偏单一、军事英语起步晚等（梁晓波，2018）。一体化想定教材的教材内容需要反映当前社会热点话题和世界范围内的军事热点动态。教材分为初、中、高三级，每个层级的教材都有统一的想定背景资料，所有能力素质指标的训练都在背景材料的展开中组织实施。初级课程教材构建一体化想定背景，分别为"区域文化""国内军事训练、演练和非战争军事行动"和"跨国军事演习"。中级拓展课程教材想定背景为"区域文化""跨国军事演习"和"境外非战争军事行动"。高级研究课程教材想定背景为"境外战争"和"境外非战争军事行动"。

3. 部队训练实践阶段的体系搭建

3.1 以军事训练任务为牵引，制定专题性指导手册

2019年5月，中央军委办公厅印发《加快推进军事职业教育的若干意见》指出，坚持以战交战、以战领学，突出聚焦主责主业、提升履职能力的在岗学习，满足官兵职业发展需求（中华人民共和国国防部，2019）。院校和部队合作，将每年的军事训练任务进行条块分割，军事外语能力培养与分割后的军事训练任务相结合，分专题制定指导手册。不同军兵种会面对不同的军事训练任务，侧重不同。

3.2 以个体和建制单位相结合，收集任务链中的场景实操

军队训练管理部负责牵头下发专题性指导手册，并指导院校编制、评估、调整指

导手册的内容。在个体或建制单位执行任务遇到军事外语使用问题超出指导手册范围时，需要将当时的任务链场景进行如实记录，返回部队后对行为进行详细描述，指出问题，并对问题进行判断和解读，实时上报军事职业教育平台，供全军部队和院校在第一时间讨论研究。

3.3 以大型任务为依托，构建派驻帮带人才库

依助全军人力资源数据服务中心建立全军军事外语帮带人才库。人才库人员主要来自科研院所的相关专业人员以及一线部队的军事外语人才。帮带人才库按战区分类，战区下按军兵种分类，军兵种下按参与过的大型军事任务分类，大型军事任务下按科研院所和一线部队分类。每次执行完指导帮带任务的人员都会被人才库及时更新任务参加记录，指导帮带人员需要上报任务情况简介、行动中的个人行为和作用、需要关注的新情况等。在大型军事任务执行前，军兵种、战区都可以查询军事外语派驻帮带人才库中的数据，并向人才所属单位提出指导帮带需求。这样既保障了军事任务的执行，提高了军事人才的军事外语实践能力，也给人才的培养者提供了最新的部队一线情况，有利于改进今后的军事外语教学与科研。

4. 军事职业教育阶段的体系搭建

4.1 打造"三位一体"交互平台，提供个性化学习链

军事职业教育是"三位一体"人才培养的重要一环。《关于加快推进军事职业教育的若干意见》指出：军事职业教育顺应"教育＋网络"发展趋势、利用信息技术手段开展现代学习（中华人民共和国国防部，2019）。鉴于此，我军军事外语教学体系要在军事职业教育平台上构建个性化的学习链，提供自我学习、自我培养的有效资源，并将院校、部队通过军事职业教育平台打造成一个闭合的学习回路。军事人才按照自己的时间安排，进行个性化的学习，并在规定的学习周期内获得满足要求的学分。还可以从全军军事外语派驻帮带人才库中选取一名指导老师，通过邮件的方式进行答疑解惑。

4.2 以虚拟现实场景为依托，组织团队对抗性演练

虚拟现实技术的快速发展为以军事职业教育平台为依托的军事外语教学提供了全新的人才培养模式。例如美军的战术语言与文化训练系统，利用自然语言处理、智能代理、学习者模型等人工智能技术将语言和文化学习与真实情境有效结合，是一个成

功的智能教育体系案例。我军可以由训练管理部组织科研院所和部队构建虚拟现实训练场景，按照语种、军兵种、军事行动类型、热点地区等划分，实现模拟对抗演练，并及时收集问题、解决问题。

4.3 依托军事职业教育平台，收集、解答和提出现实问题

军事职业教育平台将部队和科研院所联通为一体。作战部队将军事训练和军事行动中遇到的现实问题上传到军事职业教育平台，让科研院所了解一线最新情况，并对相关问题进行科研和教学。院校和科研单位按照军事职业教育管理机构的年度工作计划，定期在军事职业教育平台上开设不同专题的微视频教学，主要针对部队上传到军事职业教育平台上的问题进行集中解答。军事职业教育管理机构制定不同语种线上值班制度，定点从派驻帮带人才库中指定部分人员在线解答问题。院校从事军事外语教学的人员，每半年在军事职业教育平台上召开一次线上研讨会，针对院校以往的教学内容、方法和将要调整的教学内容、方法听取部队意见。军事职业教育平台每年对院校培训过的学员进行一次跟踪调查，并将调查结果反馈给军队院校，为各家院校改进教学，瞄准战斗力生成提供支撑。

5. 结语

院校教育是培养军事外语能力的基石，部队训练实践是将理论、知识向能力进行转换的必由之路，军事职业教育将军队院校教育、部队训练实践紧密衔接、相互融合，共同构成三位一体的新型人才培养体系。通过理顺军事外语教学领域内的院校、部队和军事职业教育三者之间的任务分工，打通三者之间的人才培养链路，院校、部队和军事职业教育相互促进、互为承接，共同作用、形成合力，把战场真正需要的人才素质培养好。

参考文献

[1] 国防部. 中央军委办公厅印发《加快推进军事职业教育的若干意见》[EB/OL]. http://www.mod.gov.cn/shouye/2019-05/06/content_4841226.htm.（2021年1月5日读取）.

[2] 梁晓波. 世界一流军队国防语言能力建设研究[J]. 解放军外国语学院学报，2018（11）：10-18.

[3] 梁晓波，葛军，武啸剑. 军队院校大学英语1+X课程体系构想与实践[J]. 外语与翻译，2018（3）：79-87.

[4] 文秋芳. 输出驱动假设与英语专业技能课程改革 [J]. 外语界，2008（2）: 2-9.

[5] 新华社. 中央军委办公厅印发《关于加快推进三位一体新型军事人才培养体系建设的决定》[EB/OL]. https://baijiahao.baidu.com/s?id=1681058605734604525&wfr=spider&for=pc.（2021年2月24日读取）.

基金项目：陕西省高等教育学会2019年度高等教育科学研究项目"'三位一体'人才培养模式下的智能化军事外语教学体系构建与探索（XGH19194）"

以"为战育人"为导向的 "大英语"课堂教学改革实践

张 杰

（武警工程大学，陕西西安，710086）

摘要： 针对教学实践中"学用分离""军味不足""忽视完整人格培养的问题"，我校大学英语教学改革着力构建融思政、重实战、学用结合的"大英语"教学体系。本文以通用英语模块的两个课时为例，具体探讨通用英语模块如何体现"军味"；课程思政如何体现在每个教学环节，贯穿教学的整个过程，完成英语课程的隐形育人功能。

关键词： 为战育人；全人教育；"大英语"

1. "大英语"提出的背景及其内涵

新的《军队院校大学英语教学大纲》把大学英语分为通用英语和军事英语两大模块。课堂教学聚焦实战，大纲为何不放弃通用英语模块，只选用军事英语模块？通用英语模块如何体现"军味"，突出为战育人？如何把课程思政体现在每个教学环节，贯穿教学的整个过程，完成英语课程的隐形育人功能？这是我校大学英语教学团队在新大纲试行之初重点思考的问题。在军队院校办学大讨论过程中，大学英语教学团队逐步形成共识：军校大学英语教学是"大英语"教学——融思政、重实战、学用结合。坚持立德树人、为战育人，聚焦有效学习，教学过程深挖教材但不拘泥于教材，教学内容向学员学习、训练、生活和实战需求维度拓展；夯实第一课堂，丰富第二课堂，实现"价值引领""知识传授"和"能力提升"交织共生，相融相长。

2. "大英语"课堂教学的理论依据

"全人教育"(holistic education) 理念源于 20 世纪 70 年代，注重培养全面发展的"全人"，指出教育除了授予学生知识，还要关注其道德品质、人格及其他综合素质的培养（文旭、司卫国，2018）。全人教育说引入外语教学界，打破了传统外语教育单一工具性的价值取向，让外语教育得以回归人文学科教育的本位。新时代的"全人"就是德智体美劳全面发展的人。外语教育要树立新时代的育人观，把德智体美劳统一在教育实践中，做到"教单科，育全人；教外语，育全人"(文旭等，2020)。德才兼备的高素质、专业化新型军事人才必须是德智体美劳全面发展的全人。

3. 教学案例

如何将全人教育理念融入大学英语教学设计，特别是如何在具体的课堂教学中实现语言能力、军事素养、思辨能力、跨文化交流能力同步发展仍处在不断探索之中。撰写大学英语教学改革与实践案例，目的是总结实践成效，找出存在的问题并进行相应的反思，以期推动以为战育人为导向的"大英语"课堂教学改革与实践少走弯路。

本案例为通用英语《大学英语（一）》课程，教材为《新视野大学英语读写程（第三版）1》，第一单元（共9学时）主题为 Fresh Start（新的开始），课文 A 篇 Text A：*Toward a brighter future for all*（"奔向更加光明的未来"）的第1—2学时。授课对象为一年级新学员。

3.1 教学目标

1.熟记课文 A 篇第一部分的重点词汇及句型，并能进行英汉互译。

2.学会演讲的开场白的写法。

3.能描述入学三个月的军事训练。

4.能够用英语阐述对"忠诚、卓越"的理解。

目标3和4的设计，是把通用英语教学中军事素养目标明确化、具体化。以为战育人为导向不是抽象的使命教育、价值观教育，而是要有可表述的学习结果，可达成、可评测的任务输出。

3.2 教学设计与过程

课前：1. 准备英文自我介绍，内容要包括自己选择军校的原因，三个月的军事训练是否适应，未来的规划。2.预习本单元生词或短语单词，能够活学活用。3.预习课文前三段，找出课文中的平行结构。4. 教员通过微信推送视频《西点军校新生报到第一天都会经历什么？》

课中：教员从谈论周至训练开始导入，自然输出军事训练常用术语。祝贺学员们完成从一名高中生到军校学员的转变，邀请学员用英语自我介绍，了解学员的英语基础，也了解学员的人生观、价值观，肯定学员们的选择。介绍学校的校训"忠诚、卓越"激发学员的使命感和责任感，相信在军校努力学习、刻苦训练，他们一定能奔向更加光明的未来。

串讲课文单词时，适时拓展与学员生活相关的词汇，比如在串讲 routine 这个词时，可以拓展军校一日生活 wake-up（起床），personal hygiene（个人卫生），physical training（体能训练），lights out（熄灯）等军校生活常用的词汇。"大英语"教学词汇拓展是有针对性的语言输入，紧密围绕学员军校生活、未来职业需求，既解决学员有效输出的问题，同时也可以解决通用英语 "军味" 不足的问题。

讲解文章中 You may have cried tears of joy to be finally finished with high school, and your parents may have cried tears of joy to be finally finished with doing your laundry!（你们可能因为高中生活终于结束喜极而泣，你的父母也可能因为终于不用再给你洗衣服而喜极而泣！）这个平行结构时，引用美国总统肯尼迪就职演讲和英国首相丘吉尔在苏联遭到德国入侵时发表的广播演说中的经典句子，让学员来体会平行结构在演讲语言中的魅力。

And so, my fellow Americans, ask not what your country can do for you, ask what you can do for your country.

—John Fitzgerald Kennedy

We shall fight him by land, we shall fight him by sea, we shall fight him in the air.

—Winston Leonard Spencer Churchill

以 "大英语" 教学观为指导的这些拓展是在讲平行结构，但已将责任、担当、血性战斗精神有机地融合到语言教学中。通用英语教学中，教师不能为了 "思政""军味" 生硬地植入思政元素和军事语料，忽视语言输入的系统性。外语教员只有通过鲜活的语言材料、巧妙地设计教学活动对学员的思想进行引领，才能达到润物无声的教育效果。

课文中的校长用个人经历开始他的演讲，在拓展演讲开场白的几种方法时，用曾任西点军校的校长麦克阿瑟的著名演讲 Duty, Honor, Country（《责任、荣誉、国家》）来进一步举例，如何用个人经历开场，来拉近和听众的距离。用英国首相温斯顿·丘吉尔的 Broadcast on Russia Being Invaded（《在苏联遭到入侵时发表的广播演说》）作为用新闻开场的演讲范例，体会新闻式开头如何引起全场观众的高度注意。

As I was leaving the hotel this morning, a doorman asked me. "Where are you bound for, general?" And when I replied, "West Point" he remarked, "Beautiful place. Have you ever been there before?"

—Duty, Honor, Country

At 4 o'clock this morning, Hitler attacked and invaded Russia suddenly, without declaration of war.

—Broadcast on Russia Being Invaded

这两段开场白作为演讲开场白方法的范例，引入通用英语课堂自然恰当，还有效深化了教学的内涵，激发学员进一步了解西点、了解二战的渴望。

课后：1.推送给学员 *Ask What You Can Do for Your Country; Duty, Honor, Country; Broadcast on Russia Being Invaded* 三篇演讲作为拓展阅读文章。2.完成课后与词汇相关的练习。3.口语作业：观看美国前海军将领威廉·麦克雷文的励志演讲："If you want to change the world, start off by making your bed." 为下节课的口语输出 "Why do cadets make the bed every morning?" 做好准备。4.书面作业：自我介绍。

3.3 教学反思与评价

本节课的教学过程较好地完成了设定的语言及军事素养目标。学员在自我介绍过程中涉及军校生活常用词汇时的确存在用词不准和不会表达的问题，但创造语言饥渴感正是教学设计思想的一部分。在教员随后的输入过程中，学员能更好地认知这些常用的表达。在课后提交的书面作业自我介绍中，看到90%以上的学员已经能用地道的表达描述自己的兵之初。从学员提交的反思日志中，学员对责任、担当、使命也有了更深的感悟。例如：

学员1. 老师推送的西点军校新生入学视频我看了3遍，美国的军校新生都很拼，我们不能输给他们。我一直觉得我的英语还不错，自我介绍时才知道好多军事用语我都不会表述，好尴尬。好在老师教给了我们军训常用的队列科目、一日生活制度、大学校训的英语表达。今天的书面作业，我要小露一手。

学员2. 这篇演讲的开场白很经典，特别是校长用的那个平行结构。阅读时我忍不住笑出声来，笑过之后我又有一种特别想流泪的感觉，这句话校长讲的幽默风趣，但却让我一下子看到父母数年如一日为孩子无怨无悔地付出。那天晚上，我给爸爸妈妈打了个电话。我觉得我不努力学习，无颜面对江东父老。

学员3. 肯尼迪名言 Ask what you can do for your country，我早就读过，但作为军校学员再学习这句话，我觉得我身上有了更多的责任，课文中校长对新生说未来的成就要建立在过去扎实的基础之上。我会铭记自己作为一名军校学员的责任，只争朝夕，不负韶华。希望未来的我退休后也能被邀请来武警工程大学演讲，哈哈！

4. 结语

学员的课堂表现、课后作业和反思日志在一定程度上肯定了以为战育人为导向的"大英语"教学改革的初步成效。但"大英语"教学改革与实践加重了英语教员的工作量，工作压力剧增。如何采取有效措施减缓压力，提高教员融通授课的能力，也是当前"大英语"教学改革与实践的关键一环！

参考文献

[1] 文旭，司卫国. 从复合型人才培养到"全人"教育——对我国外语人才培养的再思考[J].山东外语教学，2018（3）: 52.

[2] 文旭，文卫平，胡强，陈新仁.外语教育的新理念与新路径[J].外语教学与研究，2020（1）: 18.

服务军队发展战略的翻译学科与专业人才培养改革与实践研究

赵亚莉

（空军工程大学，陕西西安，710051）

摘要： 军事对外交流对语言功底扎实、口笔译能力突出、军事专业知识广博的高层次军事翻译人才的需求尤为迫切。本文分析了军队翻译学科专业面临的挑战和机遇，探讨了军队翻译学科专业发展现状，思考了军队翻译学科与专业特色发展的路径，最后提出军队翻译学科与专业未来发展重点。

关键词： 军队发展战略；职业化；特色化；培养路径

近年来，我军对外交往的领域不断扩大，空军职能任务拓展，作为维护国家利益的重要力量，走出国门的机会越来越多，对高层次军事翻译人才的需求越来越多。掌握外军武器装备发展等科技信息，已成为建设信息化军队的保证。在新时代，在"双一流"建设大环境下，在国家军队发展战略的牵引下，翻译学科专业如何主动作为、抓住机遇、直面挑战、借力发展，这是值得深思的问题。

1. 军队翻译学科与专业教育发展面临的机遇与挑战

在新时代，随着政治新思想、教育新变革、军事对外交流新发展、专业学位教育发展新目标以及互联网+等科学技术手段的创新发展，军队翻译学科与专业面临着外部的各种发展机遇和挑战。

第一是政治新思想带来的机遇与挑战。习近平总书记在党的十九大报告中指出要坚定"道路自信、理论自信、制度自信、文化自信"，全面深化改革，推动构建中国特色大国外交、新型国际关系和人类命运共同体。这要求军队翻译专业教育更要为军队战略目标实施储备更多的军事翻译人才，架起中国文化走出去的桥梁。

第二是教育新变革带来的机遇与挑战。习近平总书记指出："要大力培养掌握党和国家方针政策、具有全球视野、通晓国际规则、熟练运用外语、精通中外谈判和沟通的国际化人才。"这就要求军队翻译学科专业的课程规划和人才培养符合国家和军队战略需求。

　　第三是军事对外交流发展面临的机遇与挑战。近年来，我军对外交往的领域不断扩大，更加凸显新时代的语言服务需求。因此，军队翻译学科与专业教育要立足全球坐标，服务国家和军队战略，培养高素质军事翻译人才。

　　第四是专业学位教育发展目标引起的机遇与挑战。2020年9月国务院学位委员会第三十六次会议已审议通过《专业学位研究生教育发展方案（2020-2025）》，指出了专业学位的发展方向。专业学位研究生教育发展目标是："到2025年，以国家重大战略、关键领域和社会重大需求为重点……进一步创新专业学位研究生培养模式。"这为军队翻译硕士教育的发展指明了发展方向。

　　第五是科学技术手段带来的机遇与挑战。人工智能的挑战成为翻译专业教育和研究发展的新机遇。新时代人工智能、大数据、自然语言处理、互联网+、虚拟现实技术的发展对翻译专业教育带来了巨大的挑战，这就要求军队翻译专业教学要向翻译学科专业前沿发展看齐，推进人机交互，运用先进的技术辅助教学。

　　第六是新文科发展带来的创新理念。吴岩司长在2021年全国第五届高等学校外语教学改革与发展高端论坛上的讲话指出，"新文科建设中外语教育教学不能缺位，外语教育教学要超前识变，积极应变，主动求变，培养经济社会需求人才，培养行业发展领军人才，培养国家战略未来人才"。这对翻译学科专业教育提出了新的要求。

2. 军队翻译学科与专业特色发展的路径思考

　　随着空军使命任务的拓展，我校空军特色的翻译硕士学科的发展面向国家发展重大战略、面向部队需求、面向教育现代化，按照需求导向原则，以部队需求为导向、以实践能力培养为重点，需要瞄准强敌研究，拓展学科研究方向，加强学科专业内涵建设，深化培养模式，加强师资队伍建设，夯实教学条件，全面提高质量，为空军发展提供强有力的军事翻译人才支撑。

2.1 加强学科专业内涵建设

　　专业内涵建设是开展翻译硕士学科建设，进行翻译专业人才培养的重要依据。信息化时代的技术特点使得翻译硕士学科的翻译教学、实践和论文等学习方式与传统人才培养有一定程度的不同。把握准确的专业内涵建设是提升人才培养质量的关键。强化课程群建设，系统性建设通识课程群、军事特色课程群、在线课程群、笔译课程群和口译课程群等。撰写特色教材群，覆盖空军装备技术等领域。

2.2 深化"实践-实战"融合培养模式改革

注重实验室和实习基地相结合，推进与部队任务的衔接，开展院校与部队联合培养，深化"实践-实战"相融合的培养模式。推进院校与部队共同制定培养方案，共同开设实践课程，共同编写精品教材。加大部队、实习基地有针对性的跟踪指导，这种培养模式更有助于培养职业化译员，培养经验丰富的军事翻译人才，最终达到融合培养的目的。

2.3 强力推进翻译硕士师资团队建设

拥有一流师资队伍是一流学科的根本标志。大力发展教师的翻译能力、翻译研究能力、翻译教学能力、翻译技术能力和终身学习能力。采取"引进来、走出去、实战化"的建设方针，重视师资队伍的可持续发展。继续探索校内校外导师共同执导的路径，提升专业学位研究生的翻译实践能力与思维水平。推动培养单位和部队之间的人才交流与共享。

3. 军队翻译学科与专业未来发展重点

在新时代，翻译科学专业应超前识变、积极应变、主动求变，在培养军队需求人才、翻译行业领军人才，国家战略未来人才方面探索实践。

第一，发展目标方面，致力于提升军队翻译人才培养和科研能力，构建军队特色翻译人才培养体系，对接部队语言服务需求，传承和推动国际军事交流和中国文化海外传播，服务国家和军队发展战略。

第二，学科专业规划方面，构建覆盖军队语言服务和保障领域发展全链条的翻译学科体系，优化教学与部队实践基地管理，巩固和提升翻译学科的地位作用，坚持服务国家和军队发展需求。

第三，学科专业质量方面，坚持需求导向、目标导向和特色导向。立足军队特点，促进学科专业交叉融合，挖掘多样化的教育组织方式。

第四，人才培养方面，创新人才培养模式，培养能够提供语言服务的军事翻译专业人才，优化课程体系和资源配置，凝练培养军队特色。加强价值引领，探准课程思政教育资源，深度挖掘生动有效的育人元素，把专业基本原理和前沿知识有机结合，把课堂编成思政与专业无缝衔接的战场。

第五，国际交流与视野方面，发挥翻译硕士学科的引领作用，主动融入构建人类命运共同体的大格局，努力提升行业语言能力和国家话语能力，培养高素质的军队翻译专门人才，推动与部队及高校联合培养，推进优质教学和研究资源共享，搭建交流平台，增加跨文化的课程内容，探索全球治理新挑战带来的新课题。

第六，信息技术方面，面向未来需要的方向，关注信息技术发展动向，大幅扩容专业知识图谱，革命教学模式和教学方法，提升语言服务工具使用水平，着力研发军队特色翻译平台和资源库。

参考文献

[1] 刘和平.政产学研：语言服务人才培养新模式探究[J].中国翻译，2014（5）:41.

[2] 王华树.MTI"翻译项目管理"课程构建[J].中国翻译，2014（4）:55.

[3] 仲伟合.我国翻译专业教育的问题与对策[J].中国翻译，2014（4）:42.

基金项目:2019年全国翻译专业学位研究生教育研究项目"空军MTI特色人才培养体系改革与实践（MTIJZW201933）"

围绕"四性一度"要求，深化军事英语实战化教学改革

王道良

（陆军步兵学院，江西南昌，330103）

摘要： 随着军事斗争准备的不断深化和拓展，军事英语实战化教学理念也在丰富和提升。紧紧围绕"立德树人、为战育人"教学改革目标要求，本文从铸魂性、为战性、创新性、高阶性和挑战度等五个方面，尝试性地探讨了军事英语实战化教学改革的政治方向、课题内容、方法手段、发展脉络和评价反思等，以期促进军事英语课程教学质量的进一步提升。

关键词： 四性一度；军事英语；实战化；教学改革

开展实战化教学是军事院校落实习主席训令中"坚持实战实训、联战联训，坚持按纲施训、从严治训"重要指示的重大举措。随着军事斗争准备的不断深化和拓展，军事英语实战化教学理念也在丰富和提升，其不仅只是帮助学员打牢通用英语学科基础、提升军事英语应用能力、拓宽国际视野，更重要的是在传授语言技能的同时，提升军事英语课程思政、为军服务的属性定位，逐步完善和把控好军事英语实战化教学的政治关、质量关和发展关，在加强创新驱动的同时，完善军事英语实战化教学的课程评价和反思，为军事人才后续专业课程的学习和岗位任职对其学习能力的需求奠定扎实的文化基础。

1. 以铸魂性为统领，把准军事英语实战化教学的政治方向

习主席在全国高校思想政治工作会议上指出："要坚持把立德树人作为中心环节，把思想政治工作贯穿教育教学全过程，实现全程育人、全方位育人……要用好课堂教学这个主渠道，思想政治理论课要坚持在改进中加强……其他各门课要守好一段渠、种好责任田，使各类课程与思想政治理论课同向同行，形成协同效应。"

1.1 树立军事英语课程思政在立德树人方面的时代价值

结合课时多、周期长的特点，以隐形的方式将课程思政融入军事英语教学内容；着眼强化学员"听党指挥、维护核心"意识，紧贴部队军事斗争准备形势和学员学习

生活实际，通过增强习近平强军思想的融入，不断强化学员的忧患意识和使命担当。教学过程中将跨文化元素融入单元内容，挖掘单元思政素材，注重对我国优秀文化传统和国家建设伟大成就进行传播。

1.2 引导学员以批判的眼光学习吸收西方文化

始终坚持以习主席强军思想为引领，不断培养学员对民族文化的自信。以学校特色为依托，深入挖掘课程所蕴含的丰富思政教学资源，以"政治认同、家国情怀、军人品质、文化素养、道德修养"等为重点优化课程思政内容，让学员能深化知识学习，不仅知其然更知其所以然，从而自觉抵制西方文化糟粕，批判性地吸收西方文化。

2. 以为战性为中心，更新军事英语实战化教学的课题内容

2.1 多措并举完善教员知识结构

要以军事斗争准备为牵引，对照"能打仗、打胜仗"的标准，着力提高教员的军事素养；要加大名师及骨干教员培训力度，适时选派优秀教员到军内外著名院校及科研机构进修深造，参加不同专业的师资培训，完善教员的知识结构；要固化制度、创造平台，使得教员能多岗位、全方位参与部队实践代职任职、参加军事演习和出国执行维和任务、军事援训等，促使教员在丰富实践中提升才干，进一步提高教员的教学水平和科研能力。

2.2 重点突出优化军事英语课题内容

军事英语主要包括军事英语语言学习和技能训练，军事知识学习以及跨文化军事交流培养等，以军事背景下英语应用能力为中心展开专题授课方式，提高学员使用英语遂行涉外军事行动的能力。按照军事活动完整过程分模块、分课题集中授课。以一日生活制度和非战争军事行动等实践举措开展英语演练，深化军事英语姓军为军的特色。演练中注重采用情景式教学方法，关注教学的主题性、真实性和对象化，使学员根据专业所需，学习军事英语、词汇、语法、语篇及军事用语和语用等知识，掌握一定的跨文化军事交流能力。

2.3 集中力量建设军事英语案例库

依托教学内容，结合当前时政热点、国防新闻，建设不同类型的军事英语主题资源，比如各军兵种常用词汇库、演习活动专用案例库、想定作业库等，通过各种资源库的建设，不仅锻炼了教员迅速成长，也丰富了学员自主学习资源获取途径。

3. 以创新性为抓手，提升军事英语实战化教学的方法手段

3.1 探索以无线互联为支撑的线上教学

改变传统单一的课堂教学模式，结合雨课堂、词达人、WE LEARN 等在线学习平台，形成"线上、室内课堂、室外实践"的三合一教学模式。线上教学方式突出课前任务式引导、课中启发式互动、课后考核性验收相结合，最大限度督促学员主动利用网络获取各种教学资源。线上教学内容强调任务牵引、聚焦问题导向，教学时间相对自由，赋予了学员更多自主学习时间，有利于提升学习效率。

3.2 探索以问题导向为牵引的专题研讨式教学

研讨式教学是一个以需求为导向、以团队为形式、以解决问题为目标，在探索和解决难题的同时，帮助学员获取知识、提高能力的教学过程。军事英语教学中采用"授课+研讨"的方式，分专题和模块等形式研讨，有助于培养学员利用外语工具书，独立思考、分析和解决问题的能力。

3.3 探索以情感体验为主体的现地教学

情感式互动实践课可以使学员置身高度模拟的军事活动环境中，能够有机地将理论和实践，情感和体验融为一体。教员和学员一起就一次具体的军事行动术语同台表演，激发了学员口语表达的兴趣和欲望，有助于学员掌握实战化中地道的军事英语。

4. 以高阶性为目标，深化军事英语实战化教学的发展脉络

4.1 要服务于学员成长

随着陆军步兵学院的教育转型，军事英语课的教学对象主要为各专业的高等教育青年学员和优秀士兵保送学员。这些学员的特点是文化基础水平参差不齐，教学实施难度大。因此，适当实施分级教学模式，提高教学效果是可行的。比如，军事英语课程可以采取分级教学模式，新学员入学后，组织分级考试，根据成绩将学员分别编入基础班、普通班和精英班，各班选取相应难度的教学内容，采用相应的教学模式，实施针对性教学，如精英班在按纲施训的基础上进行延伸拓展教学，培养参加各项比赛的种子选手和组织各项活动的学员骨干。

4.2 要适时启动"分层式"教学研究

结合线上教学平台以及不同学员英语学习的个性和需求，在线设置难度系数各异的学习要求，实施针对不同教学对象的分层式教学，使教学过程实现由关注"教的目的"向关注"学的需要"转变。在第一课堂的系统教学中，针对新学员彼此不够熟悉、入学成绩差异大的特点，采取接龙游戏、话剧表演等形式，实现以强领弱、团队合作，在加深感情之中促进英语基础共同进步。此外，大力加强第二课堂建设，充分发挥校园英语广播、外语俱乐部的作用，举办英语演讲、辩论等多种课外活动，鼓励学员参加学科竞赛与俱乐部等活动，强化实践环节，营造理想的英语学习氛围。

5. 以挑战度为阶梯，完善军事英语实战化教学的评价反思

5.1 评价方式多样化

对标教育部金课"两性一度"标准，为提高军事英语考核挑战度，吸引和激发学员对知识学习及应用的投入，有效增强学员在刻苦学习后的获得感，通过设置更加严格的考核流程，多样化、多点化的过程性评价方式，切实对形成性考核的构成模块进行优化，重点突出对学员听、说、读、写、译基本技能以及跨文化军事交流综合能力的培养和考查。

5.2 评价指标日常化

逐步拉大过程性指标等形成性考核比重，科学优化过程性考核的构成模块，增强学员经过刻苦学习收获能力的成就感，逐渐提高学员的综合能力素质。同时，始终聚焦教学效果的验收与反馈，做到教学研究周组织、教学形势月分析、教学总结季反思，确保教学改进及时，学员满意度高。

参考文献

[1] 新华社. 中央军委办公厅印发《关于加快推进三位一体新型军事人才培养体系建设的决定》[EB/OL]. https://baijiahao.baidu.com/s?id=1681058605734604525&wfr=spider&for=pc.（2021年2月24日读取）.

[2] 徐坤侠. 以实战化教学为导向深入推进院校教学改革[J]. 第二炮兵指挥学院学报，2015（32）: 1-3.

基于智能语言实验室开展的军事英语教学实践研究

吴星芳　黄春萌

（武警工程大学，陕西西安，710086）

摘要： 军事英语是军队院校外语教学改革的主要内容，具有重实践、重情景的特性。我校依据建构主义理论，新建成了三类智慧语言实验室。经过一个学期教学实践，本文从军事英语听说课、军事英语读写课以及各种线上线下培训和第二课堂角度，分析基于智能语言实验室开展各类教学实践的可行性，以及未来智慧教学的发展方向。

关键词： 智能语言实验室；军事英语；教学实践

新时代军事教育方针要求军队院校教学要"为战育人"，大学英语课程应包括通用英语和军事英语两部分。军事英语教学已成为军队院校外语教学改革发展的必然趋势。教育领域科学技术的迅猛发展为此提供了新的契机和挑战。

1. 军事英语的特点

军事英语本质上属于专门用途英语（ESP），其目的是服务于国家和部队战略需求，满足军队人员的专业学习需求和岗位需要，为顺利开展国际性军事交流合作和应对未来战场提供语言工具。在已经开展的军事英语教学实践过程中，笔者发现以下几个特点：专业词汇较难理解；句法较为严谨、简洁，有制式的模板；教学过程中需要大量相关的军事知识；语篇背景贴近实战。因此，如果能实现丰富多样的实操活动来强化军事词汇和句法记忆，如果能够在情景中沉浸式教学，都将会使军事英语教学事半功倍。

2. 智慧语言实验室建设背景

教育与科技的融合一直是时代发展的趋势。教育部《高等学校数字校园建设规范》明确提出"要充分利用信息技术特别是智能技术，实现高等学校在信息化条件下育人方式的创新性探索、网络安全的信息化建设、信息资源的智能化联通、校园环境的数字化改造、用户信息素养的适应性发展以及核心业务的数字化转型。"我校建设了三种不同类型的语言实验室，包括虚拟情景语音室、研讨式智慧语音室、多功能语音室，分别侧重不同的实践内容，致力于构建智慧教学平台和数字化教学环境。

3. 基于智慧语言实验室开展军事英语教学的理论基础

建构主义教学理论强调以学生为中心，知识不是通过简单的传授获得，而是学生在一定的情境中，通过与其他学生及教师之间的相互协作、讨论，来完成对知识的意义构建，教师起到组织、帮助、促进的作用。因此"情境、协作、会话、构建"是学习过程中的关键环节。虚拟情境语音室可以让教师、学生身临其境立体感受课本知识和实战环境；研讨式智慧语音室为师生提供了新颖的协作互动设施，能够充分满足学员自主地在设定主题下进行研讨协作练习；多功能语音室安装 AI 语音识别系统，能够在想定情景下实现人机对话，完成语言操练中意义的构建。

4. 基于智能语言实验室开展的军事英语教学实践

4.1 军事英语听说教学

4.1.1 打破物理空间限制使口语教学更有趣

在教学设计时，我们遵循产出导向法设计了"课前大量听–课上大量说–课中及时反馈"的教学过程，重点培养学员能够使用英语得体地表达军事意图和军事思想的能力。那么，有效组织种类丰富、灵活有趣的口语操练活动是课堂教学的重点。我校新建的智慧语言实验室中配备的活动桌椅设置有利于多种教学活动的开展。师生可以根据不同的教学活动任务来安排座位形式：如图1—4是座位形式，表1为简单介绍。物理空间的打破，实现师生间、生生间、人机间灵活互动，活跃了课堂气氛，使教学在更加和谐的氛围和高效的组织形式下实现。

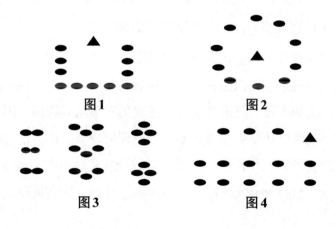

图1 图2

图3 图4

表1

图1	教师在前，学生呈U字型	方便教师对所有学生进行监控并减少学生间的影响，并使学生更加专注于自己的学习
图2	教师在中心，学生在四周	利于教学活动开展和观摩并方便所有学生彼此面对面交流
图3	两人或多人小组式开展对话练习	利于开展小组对话、研讨或进行结对子帮扶性练习
图4	会议模式	开展会议同传或模拟联合国训练等活动

4.1.2 建立学员成长档案袋使听说教学更高效

口语能力培养是一项需要长时间付出努力的教学工作。因此不断更新形成性测评成绩十分重要，需要记录长期过程中学员的成长变化，这无疑是项工作量庞大的数据统计任务。智慧语言实验室具有口语测评、学生档案建立和数据对比分析的功能，能够有效帮助教师对学生口语能力进行跟踪了解，从而为学生提供更具体的指导。学生可以及时得到反馈，对自己的学习进行评估，修正学习计划，实现激发学习动力和提高自主学习能力的双重目标。

4.2 军事英语读写教学

4.2.1 支持教学方法的创新，提高读写教学质量

在开展军事英语读写教学时，学生经过通用英语的学习已经具备一定学习能力和良好的英语基础，满足深度学习和自主学习。新颖的研讨式教学方法让学生成为教学活动的主体，激发学生合作探究的兴趣，促进学生通过交流和讨论实现知识习得，并且通过实时的教学互动和教学评价可以提高教学效率保证教学质量。图5显示了一堂研讨式读写课完整的教学设计过程，以及智慧研讨语言实验室提供的技术支持。

4.2.2 充分发挥学生的主观能动性，弥补军事英语教学短板

军事英语读写课程采用的是国防出版社出版的《军事英语》，涵盖诸多军事领域内容，这对授课教员的军事知识储备提出了较高的要求。但是，现在外语教员半数以上是近年来招聘的文职人员，英语专业能力过硬但军事素养较弱。因此，可以调动和挖掘学生的主观能动性，让学生参与到备课和授课等环节。作为信息时代成长起来的年轻一代，学生们大多是"网络土著"，他们往往能够更快更准确地搜索到教学有关的信息。利用这一点，教师充分发挥课堂"组织者"身份，让学员在气氛自由、硬件便

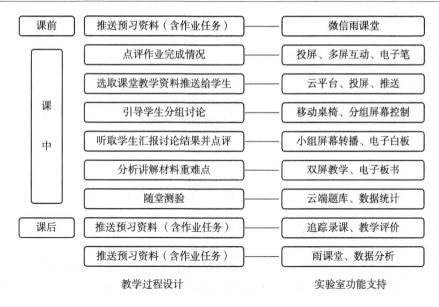

图5

利的智慧研讨教室中分享他们通过小组讨论和信息整合得到的有用信息。不仅锻炼了学生的搜索信息能力、口语表达能力和阅读能力，也逐步培养出学生的自主学习习惯。

4.3 军事英语情景化教学

军事英语的对话和文本都发生在特定的场景中，但是对于大学本科一二年级的学员来讲，真正的战场对于他们还是陌生和遥远的。虚拟情景语言实验室，可以创造相关的仿真情景，通过立体直观的感受来理解课本上的知识，激发了学生的学习热情并且加深了知识的理解和记忆。

经过一个学期的试用，我们初步对虚拟情景下军事英语听说教学（实验班）和传统语音室开展的军事英语听说教学（对照班）进行简单的对比。表2显示，实践班的学员在听力、口语、综合成绩上都略好于对照班。同时，调查还显示，实验班91%的学生认为虚拟情景语言实验室下进行学习让他们对军事英语学习更感兴趣，更能激发他们的内在动机。

表2

研究对象	期末成绩（使用前）			期末成绩（使用后）		
	听力	口语	综合	听力	口语	综合
实践班	13.28	7.93	71.4	14.28	8.37	73.1
对照班	13.24	7.91	70.9	13.2	7.85	69.7

4.4 其他教学活动

4.4.1 为外语教师专业发展提供良好的线上和线下环境

在智慧研讨语言实验室，教师们可以定期进行集体备课活动，提高备课效率，保障授课质量。在多功能语言实验室，通过和互联网的连接，老师们还可以开展方式灵活的现代化教育理论学习，如远程教育、网上培训等。虚拟情景语言实验室满足各学科教员通过信息技术进行教学内容设计，如微课设计、录制与制作，军事职业教育在线课程的录制等，也为教员参加信息化教学比赛提供了条件支持。

4.4.2 为第二课堂活动提供场地和技术支持

我校开展了种类丰富的第二课堂活动，如英语演讲与辩论、模拟联合国、俄罗斯文化俱乐部、军事英语翻译。这些活动由相关负责老师组织指导，但学生是活动的主要实施者和参与者，技术赋能的智慧语言实验室为这些活动的顺利开展提供了场地和技术支持。

4.4.3 为各类语言类竞赛及考试保驾护航

每年外语教研室都会组织学员参加全国各类英语赛事。外语教员承担着极重的培训、备赛、出题、印卷、批阅等任务。智能语言实验室中的内置资源库，能够以最快捷的方式为备赛、辅导提供资源和场地便利，还有智能测评系统能够节省批阅时间，实现高效办赛。

5. 小结

无论是智慧语言实验室的建设还是军事英语的教学改革，我校都处于起步和摸索阶段，现阶段仍存在管理落后、资源不足、服务低效、理念陈旧等不足，未来还有无限的发展空间。

5.1 提高教师信息素养，创新教学模式

信息技术的每一项功能或优势都能给外语教学带来新的可能。充分发挥技术与外语教学的融合优势，要求外语教师提高自身的信息技术素养，创新教学理念和教学模式，充分利用技术弥补传统教学的短板。应定期组织教师信息技术应用培训，通过专业培训，掌握新建语言实验室的新功能及操作方法，使之更好地服务于教学。

5.2 完善智能管理系统，达到高效利用

目前实验室的排课、使用登记、教学数据、物资、经费、维修记录还处在手工操作、文档管理的传统阶段，工作效率较低，重要资料数据难以统一化管理。由于缺乏有效的信息化管理手段，语言实验室的使用也难以向学生开放，学生自主学习受限。因此急需建设实验室管理平台来解决目前突出问题。

参考文献

[1] Krashen, S. 1982. *Principles and Practice in Second Language Acquisition* [M]. Oxford: Pergamon Press.

[2] 黄若妤. 建构主义与多媒体外语教学模式[J]. 外语与外语教学，2000（2）：16-19.

[3] 李翠翠，王丽丽. 信息化时代下的军校英语教学模式探究[J]. 科教导刊，2019（1）：115-117.

[4] 王建颖，张红. 科技赋能视阈下大学外语教师职业发展策略探析[J]. 内蒙古师范大学学报，2020（6）：104-107.

[5] 王群，李云，王向菲，李鲁闽. 军事英语口语教学实践探讨[J]. 教育现代化，2020（42）：42-45.

[6] 徐锦芬，刘文波. 信息技术背景下的外语创新教学与研究[J]. 外语与外语教学，2019（5）：1-9.

[7] 钟富强. 智慧外语教学改革的路径与系统构建研究[J]. 外语电化教学，2021（1）：85-91.

外语教学理论研究

批判性思维视角下的高素质军事人才核心素养探析

王荃　王群

（陆军军事交通学院，天津，300161）

摘要：本文从政治思想、军事基础、科学文化、专业业务、身体心理五个方面，分解人才培养目标结构模型并从批判性思维视角解析高素质军事人才的内涵。笔者提出，军事人才要敢于和善于主动探索、独立思考、突破传统观念束缚，提高认知成熟度，预知事物的发展趋势，使之转化为战斗力，以应对复杂多变的未来战争环境，打赢未来信息化战争。

关键词：高素质军事人才；批判性思维；核心素养

1. 引言

新军事变革以适应信息时代科学技术的发展为目标，以数字化部队与数字化战场为形式，突出的是武器装备的智能化，强调的是驾驭武器装备的人的素质和知识。

2. 高素质军事人才在新军事变革中的地位作用

王保存（1999）指出军事人才的核心素质是构成高素质军队的核心要素，高素质军事人才是实现新军事变革的根本保证。王望荣（2010）认为新军事变革的制高点是人才的争夺。在未来的信息化战场上，知识和信息的竞争与对抗将是军队之间较量的核心，未来战场获胜的法宝取决于信息和先进人才的争夺。

因此，只有全面分析和掌握高素质军事人才的特征模型，准确把握新军事变革对高素质军事人才的培养要求，才能有针对性地培养出适应新军事变革需要的高素质人才，进而推动新军事变革的发展。

3. 高素质军事人才核心素养的内涵

由于管理体制和文化氛围的特殊性，我军院校对于生长干部学员批判性思维的培养一直重视不够，缺少专门性的理论和实践研究，以至于对"高素质新型军事人才的核心素养是什么""批判性思维与当代世界新军事变革和高素质军事人才培养的关系"等都存在模糊认识。

　　高素质军事人才的本质特性研究方面，主要有以下几种观点。一种观点是从知识、能力、素质方面分析军事人才的主要特征，认为高素质军事人才必须具备复合的知识、综合的能力和全面的素质（见下图）。如：石忠武（2012）特别强调新型军事人才必须具备较高的信息意识、信息知识、信息技能，信息获取、加工、处理、使用能力是高素质新型军事人才的核心能力，这些指标体系有利于形成体系作战能力。

复合的知识 { 军事领域的专业知识
文化底蕴、科学素质和军兵种知识

综合的能力 { 智力（记忆力、观察力、判断力、想象力、思维力、预见力、直觉力）
创造能力（质疑的精神、批判的能力）

全面的素质 { 坚定的政治思想素质
良好的个性心理品质
强健的身体素质

　　另一种观点从内容上进行分析，通常将军事人才核心素养分为思想政治、军事基础、科学文化、专业业务、身体心理五个方面。如：李建军（2013）的研究表明，高素质新型军事人才必须强化其思想政治素质、信息化素质、创新素质，必须成为具备多学科知识、具有多元化能力结构的复合型人才。

　　本文根据总参谋部提出的《军队院校人才培养目标模型》，从政治思想、军事基础、科学文化、专业业务、身体心理五个方面，对人才培养目标结构模型进行分解，进而推断出高素质人才核心素养的指标体系（见下表）。

思想政治 { 知识（马克思主义基本理论、国家环境与安全、法规政策等）
能力（政治鉴别、政治践行）
素质（理想信念、道德情操、法纪意识、敬业精神）

军事基础 { 知识（军事共同基础、军事理论知识）
能力（军事基本技能、组织管理能力）
素质（军人基本素养）

科学文化 { 知识（自然科学、人文社会科学、公共工具课程）
能力（思维能力、实践能力、表达能力、交往合作能力、学习能力）
素质（科学素养、文化素养、学习素养、信息素养）

专业业务 {
知识（学科基础、专业知识、相关知识等）
能力（专业能力、科研能力）
素质（专业素养、创新精神）
}

身体心理 {
知识（体育运动、卫生健康、心理学）
能力（体育运动技能、组织训练能力、战伤救护能力、心理适应能力）
素质（身体素质、心理素质）
}

梳理文献资料后，笔者发现，研究者在研究高素质人才素养时，与以上五个因子有重叠，即研究者认为坚定的政治思想素质、突出的信息素养、深厚的科学文化素质、良好的战略思维、扎实的业务素质、果敢的决策能力、求真务实的科学精神、强健的身体素质和优良的军人养成素质这几个因子是高素质军事人才特征的共通点。到目前为止，尚未发现有研究成果从批判性思维的视角解析高素质军事人才的内涵。

4. 关于批判性思维的概念和意义

国内学者对 critical thinking 的翻译曾先后使用过"批判性思维""批判思考""高层次思维""反思性思维""思辨能力""评判式思维"等多个版本，反映出研究者在批判性思维的内涵上存在模糊和争议。本研究认为批判性思维"源于'质疑'，是人们对于信息的真实性、准确性和客观性所做出的辩证的认知过程"。在这一过程中人们依据确凿的证据和有效的评判标准，对信息的真伪和价值进行分析、推理、判断，进而得出合理的评价。

批判性思维主要包括"批判性思维技能"和"批判性思维品质"两部分，本研究结合军事变革背景探讨批判性思维与新型军事人才的指标体系的关系，重点放在了"批判性思维品质"方面，旨在找出高素质军事人才的核心素养指标与批判性思维品质的哪些因子有所关联。

5. 批判性思维与高素质军事人才核心素养的关系分析

坚定的政治信念、良好的政治修养以及强健的身体素质是军事人才的基本素质，在此不做赘述。本文仅从信息素养、战略思维、决策能力、国际视野、科学精神五个因素，探究这些因素与批判性思维各维度的关联。

信息素养是指具有对已有信息加工的能力和利用信息解决军事行动中复杂问题的能力。具有良好信息素养的新型军事人才具有独立思考、自主判断的能力，在信息加工的时候，通过归纳、综合、抽象、联想的思维活动，能够找出相关性、规律性的线索，具有利用信息技术向决策者提供有价值建议的能力。"认知成熟度"是指审慎地做出判断，不急于做出判断或是修改已有的判断，而是持谨慎的态度看待多种解决问题的方法。而高素质人才的这一特征恰恰反映了其"分析能力"和"认知成熟度"两种品质的现状。

战略思维是指思维主体对关系事物全局的、长远的、根本性的重大问题谋划（分析、综合、判断、预见和决策）的思维过程，是高瞻远瞩、统揽全局、善于把握事物发展总体趋势和方向的思维方法，展示的是看问题的系统思维和历史眼光。这就要求高素质新型军事人才要具有战略眼光，善于从政治上、战略上和全局上分析判断形势，即观察问题注意政治背景，分析问题重视综合因素，处理问题考虑全局后果，自觉站在国家力量的战略高度，深刻领会、坚决贯彻党中央和中央军委的决策意图，思维敏捷、工作方式灵活，能在不同环境下完成性质迥异的任务。高素质新型军事人才的这些素养反映了高素质军事人才的"分析能力""系统化能力"和"认知成熟度"三种品质的现状。

科学的决策能力指高素质军事人才的信息获取渠道广泛，洞察力敏锐，能够判断科学、预测准确、应变及时、大胆创新、决策果断，这一能力与批判性思维品质的第四第五维度相契合，即高素质军事人才的"系统化能力"和"批判性思维自信心"较强。

高素质新型军事人才应具有宽广的国际视野和战略眼光的开放性。在信息社会时代，开放交流已成为社会发展的主要趋势。新型军事人才应有面向全球，敢于吸收借鉴当今世界文明成果和先进军事知识的开放胸怀，具备一定的表达能力和交际能力，具有良好的团结协作精神；具有开阔的视野和注重接受新知识、新观点和新事物的开放意识，成为具有现代意识的开放性人才。开放性体现在：拥有放眼世界的战略视野；拥有海纳百川的开放性大脑；具有灵活多变的工作态度。高素质新型军事人才的这一特性恰恰反映了批判性思维中"开放思想"品质的现状。

科学精神是探求未知问题、实事求是的精神，它能够矫正人们观察和分析问题的基点和视角，提供认识问题的正确思路和方法。高素质新型军事人才的知识结构全面，能够掌握政治、经济、科技、文化、历史等各个方面的知识，且对知识本身的真实性具有探究意识，而这恰恰反映了其"求知欲"和"寻求真相"品质的现状。

6. 结语

通过上述分析不难看出，高素质新型军事人才的核心特征与批判性思维品质在许多维度上都有重合。因此，军事人才要敢于和善于主动探索、独立思考、学会质疑、善于质疑，要突破任何经验常规模式传统观念束缚，提高自身的认知成熟度，预知事物的发展趋势，生成高超的战略眼光和敏锐的战场洞察能力，有效地开发运用知识和信息这两个高技术战争的主要资源，使之转化为战斗力，以应对复杂多变的未来战争环境，打赢未来信息化战争。

参考文献

[1] Robert. Ennis, Critical Thinking: A Streamlined Conception [J]. *Teaching Philosophy*, 1991(1): 5-25.

[2] 何云峰. 论批判性思维 [J]. 社会科学辑刊，2000（6）: 15-18.

[3] 黄朝阳. 加强批判性思维教育，培养创新型人才 [J]. 教育研究，2010（5）: 69-74.

[4] 李建军. 瞄准未来战场，适应海军发展，大力培养高素质新型军事人才 [J]. 海军杂志，2013（2）: 9-10.

[5] 石忠武. 胡锦涛关于军队院校培养高素质新型军事人才重要论述新探 [J]. 中国军事科学，2012（5）: 18-25.

[6] 王保存. 世界新军事革命 [M]. 北京：解放军出版社，1999.

[7] 王培. 学习领会习主席人才强军重要论述　大力推进人才培养工作创新发展 [J]. 中国军队政治工作，2014（12）: 57-62.

[8] 阳仁宇. 军队院校创造性军事人才培养的管理研究田 [D]. 国防科技大学硕士学位论文，2006.

整体外语教学视域下的
军事英语读写教学探讨

乔丹秋　战　盈

（火箭军工程大学，陕西西安，710025）

摘要： 军事英语教学对于突出军事教育特色，培养新型军事人才具有重要作用。本文基于系统功能语言学理论和语类理论有关论述，详细阐述了读写教程中的主体语类——报告语类的语篇特点，在此基础上按照整体外语教学理念进行教学设计，通过意义理解、意义协商以及意义表达三个环节开展整体外语教学框架下的军事英语报告语类教学。

关键词： 军事英语读写教学；报告语类；整体外语教学理念

1. 引言

近年来，曾有部分学者对高校开设大学英语课程提出质疑，此举引起了社会各界对大学英语教学的思考与探讨。笔者认为，这个看似极端的问题实质上推动了大学英语教学的改革与发展。人们开始思考在新时代背景下，大学英语课程的定位是什么、大学英语课程应培养什么样的人才，以及大学英语课程应该教什么、怎样教等问题。2015年及2020年，国家分别出台了两版《大学英语教学指南》。两版《指南》都结合时代背景，对大学英语的课程价值、课程定位、教学目标、课程设置等重新定位，为大学英语教学改革指明了方向。《指南》从学生个人成长和国家战略需求的角度肯定了大学英语课程的价值与意义（王守仁，2016），各高校纷纷结合自身实际情况及专业特色制定了符合其人才培养目标的大学英语课程体系。

就军事院校而言，在对接国家高等教育标准的前提下，按照《军队院校教学大纲》，大学英语课程被分为通用英语、通用军事英语以及军兵种专业军事英语三个模块。军事英语课程作为军校大学英语课程的重要组成部分，在培养具有国际视野的新型军事人才上具有不可替代的重要作用。目前，军事英语教学仍处于探索实践阶段。对于军事英语教学的探索多基于某种具体的教学方法，例如基于任务式、情景式、以及项目式等。本文将从人才培养的角度出发，详细阐述整体外语教学视域下的军事英语读写教学模式。

2. 整体外语教学

整体外语教学是近年形成的一种外语教学观。理论上，它以整体论为理论基础，强调全人教育，注重人的全面发展。其核心理念包括整体内容观、整体学习观以及整体教学观。实践上，整体外语教学基于"语篇"进行，围绕特定语篇主题以及内容，在外语教学中进行整体输入、输出以及互动活动。

基于整体外语教学的三大理念，以及系统功能语言学关于语篇的相关观点以及语类理论，整体外语教学构建了以语类为依托，以语言运用活动为支撑，以意义建构为目标，进而促进学生全面发展的整体外语教学流程（韩宝成、梁海英，2019）。具体教学路径如下：基于特定语篇依次开展意义理解活动、意义协商活动以及意义表达活动。三类活动形成一个动态的建构过程。

3. 军事英语读写教材语篇分析

Martin & Rose 根据语类的社会目的将语类分成七大类，分别是故事语类、事实语类、解释语类、报告语类、过程语类、回应语类和论说语类。不同的语类具有不同的交际目的，其语义构成及表达模式也各有特点。

《军事英语》读写教程所选语篇多为报告语篇。报告语篇旨在向读者介绍关于某一主题或某些主题的客观事实，包含三个小类：描写语篇、分类语篇以及复合语篇。系统功能语言学认为，语篇是意义建构的结果，语篇自身体现着三类意义，分别是概念意义、人际意义和语篇意义。就军事题材的报告语篇而言，其概念意义非常显著。通常使用大量陈述语句对某一主题进行客观介绍；人际意义表达相对较弱，一般不会使用情感色彩浓厚的评价性语言；语篇意义表达模式清晰明了，对某一或某些主题的介绍呈线性逻辑。下面将依据军事题材报告语篇的特点，按照整体外语教学路径，就如何进行军事英语读写教学提出具体实施建议。

4. 整体外语教学指导下的军事英语读写教学设计

军事英语报告语篇的主要特点是凸显概念意义，即阐明"是什么"的问题。在明确"是什么"的基础上，学员才能针对主题进行思辨活动以及语言交际活动。因此，军事英语读写教材的报告语篇可作为输入阶段的学习材料，此阶段的学习中学员需重点掌握关于某一主题的军事知识及其相关英语表达。下面将基于上述思路，结合整体外语教学流程，以《军事英语》第二册第一单元"Patrol and patrolling"以及《军事英语听说教程》第七单元"Patrol"为具体教学素材，进行基于军事报告语篇的军事英语教学设计。

4.1 输入阶段的意义理解活动

意义理解活动是整体外语教学的第一环节，具体分为"体验"和"探析"两个子环节。从体验到探析，学员对主题语篇的学习由浅及深，并从语义到文化思想层面对语篇进行整体理解。结合当下混合式教学背景，学员对于主题语篇可进行视、听、读结合的多模态"体验"。首先，推送不同类型的巡逻短视频使学员形成对"patrol"的直观认识。比起阅读材料，视频更能在学习的初始阶段辅助学员理解主题，激发兴趣。在此基础上学员会进行关于主题"patrol"的思考，并形成自己的问题清单，这些问题牵引学员对主题进行探析，开始对文章进行多轮阅读。

探析环节由学员的问题清单驱动，第一轮语篇阅读实质上是学员在自主思考的基础上进行的一次对主题的探索阅读。第二轮阅读基于教员的引导，对语篇进行整体探析。根据报告语篇的特点，可从语篇的概念意义、人际意义以及语篇意义三个角度对语篇进行解构。

4.2 输出阶段的意义协商以及意义表达活动

意义协商环节包括"再现"和"共建"环节。再现活动基于主题语篇，旨在让学员重现语篇语义层面的微观建构以及语篇层面的宏观建构，教员可在此环节设置语言复用活动，例如针对报告语篇的复述活动。共建活动旨在实现语言活用，创新性使用语言知识并拓展主题，可开展小组活动或者对子活动引导学员碰撞思维，共创基于主题的新语篇。意义表达环节是整体外语教学的最终环节，包括"初创"和"呈现"。笔者认为，意义协商阶段的共建活动和意义表达阶段的初创活动可合二为一，前者视为过程，后者视为结果。下面就"patrol"主题进行这两个环节的教学活动设计。

再现环节可设置活动——根据思维导图复述课文。学员在意义理解阶段已根据主题及连接词完成语篇思维导图的绘制，承接这一部分，再现环节可设置活动——根据思维导图复述课文。接下来的共建环节教员可指引学员按照Before patrol—During patrol—After patrol的思路组织小组活动，形成口语或书面语篇。

意义表达环节主要进行语篇展示及评价。学员可现场或者线上展示本组的语篇，教员进行点评或发起生生互评，并引导学员根据反馈不断完善语篇，如此进行多轮呈现–评价–呈现活动，实现语篇意义表达的最优化。

5. 结语

本文以军事英语读写教材中的报告语篇为例，依托整体外语教学理念，通过意义理解、意义协商以及意义表达三个环节引导学员完成语篇解读以及新语篇构建的过程，是一次新的尝试与探索。军事英语教学值得长期深耕，本文简单剖析了为什么选择整体外语教学以及在军事英语教学中怎样实施整体外语教学两个问题。军事英语的整体外语教学模式还需更加深入的理论探索与更加广泛的实践论证。

参考文献

[1] Halliday, M. A. K. Matthiessen. *An Introduction to Functional Grammar* [M]. London: Edward Arnold, 1994.

[2] Rose, D. & J. R. Martin. *Learning to Write, Reading to Learn: Genre, Knowledge and Pedagogy in the Sydney School* [M]. Sheffield: Equinox, 2012.

[3] 韩宝成. 整体外语教学的理念 [J]. 外语教学，2018b（2）: 52-56.

[4] 王守仁.《大学英语教学指南》要点解读 [J]. 外语界，2016: 2-10.

基于需求分析理论的军校ESP教学探析

赵茹兰　陶佳丽　宁俊希

（陆军勤务学院，重庆，401331）

摘要： 本文以需求分析理论为基础，分析了军队院校英语教学以ESP为导向的必要性；并在进一步阐述军校ESP教学的综合现状和发展趋势的基础上，坚持以岗位任职能力为导向，提出了军校ESP教学的改进措施，以期能不断完善军事英语课程的教学实施，切实提高军事英语教学质量与教学水平，为ESP教学的长远发展奠定基础。

关键词： 需求分析；ESP；军事英语

1. 引言

在习近平强军思想的指引下，新军事变革不断深入，远洋护航和海外救援等非军事化任务更加繁重，舰艇出访和联合军演等对外军事活动也持续增加，我军与国外军人和民众的接触日益增多，交流也更加深入。但是在对外交流当中，我军人员语言沟通障碍以及外军知识匮乏的问题进一步凸显。英语作为一种国际性的语言，不仅是人们交际和沟通的工具，更重要的是它还是国际竞争的武器。为此，军队院校始终致力于研究更为适合自身教学水平和学员学习能力的教学模式，于是基于需求分析理论的ESP教学模式应运而生，并在军队院校的英语教学开展过程中取得了一些成果。

2. ESP的定义

ESP（English for Specific Purposes），是指专门用途英语，将英语的基础教学与某种特定的职业结合起来，将英语教学与专业的技术词汇联系在一起，使英语教学能符合学员未来职业发展的需求，使英语教学更加具有专业性与实用性。因此，军队的英语只有与军事发展和现实需求相结合，才能有效地服务与军事专业的教学、研究与任职。在军队院校的英语教学过程中，以ESP教学为基本导向，进一步与军人的职业相结合而开设的军事英语课程，其目的就是培养军校学员在一定的军事环境中或是信息化作战情况下能运用英语开展工作或是从事研究的能力。

3. 军队院校英语教学以 ESP 为导向的必要性

3.1 军队院校英语教学与 ESP 理论存在一致性

在新时代改革强军、科技兴军背景下，部队对于精通专业又具有较强外语能力的复合型军事人才的需求越来越大。军校学员学习英语不仅仅是为了掌握英语的知识与技能，而是需要保证学习到的英语能够运用到日后的实际工作中。而基于 ESP 为基本导向的教学目标就是为社会培养具有专业能力的人才。因此，军队院校英语教学与 ESP 理论存在一致性。

3.2 ESP 教学符合军队院校英语教学的实际状况

我国的教育水平参差不齐，军队院校的英语教学与地方大学的英语教学也存在一定的差异。因此，以 ESP 为基本导向，能够进一步保证军事英语课程的专业性与独立性，从根本上减少军校学员的学习压力，进而根据军队院校的实际情况，利用因材施教的方式将英语基础知识与军事专业知识结合，培养出"懂军事、会英语、能交流"的新型军事人才。

3.3 ESP 教学符合军队院校大学英语改革的目标

《大学英语课程教学要求》将大学英语的教学目标确定为"培养学生英语综合应用能力，特别是听说能力，使他们在今后工作和社会交往中，能用英语有效地进行口头和书面的信息交流"。中央军委训练管理部下发的教学大纲中将大学英语也分成了两大模块，即通用英语与军事英语。军队院校的大学英语课程必须瞄准"三个面向"，满足职业发展的需求，真正适应军队发展和未来信息化作战需求。以 ESP 为基本导向，能够使学员的英语知识与专业知识得到发展与提高，真正做到学以致用。

4. 军事英语教学现状分析

从 20 世纪 80 年代末开始，一些军队院校逐渐引入专门用途英语理念，把大学英语和军事专业结合起来，陆续开设了军事英语阅读课程。进入 21 世纪，各类军事院校都相继开设了军事英语课程，进入了新的发展阶段。一方面，军事英语被明确列为军队院校英语课程体系的重要环节，一批军事英语教材相继出版。另一方面，对于教育对象而言，随着生长军官学员来源渠道的不断拓宽，生长军官学员的素质结构得到明显改善，学员们的英语基础有明显提升。但是军事院校的军事英语教学与提高履行军队执行任务的能力相比，还存在一定的差距与不足。

4.1 教员对于军事英语课程定位上还有待进一步深化

有的教员将军事英语的教学简单地定义为军事与英语的叠加，认为教学内容只是换成军事类的内容而已，教学的重点也只是仅仅掌握军事英语单词即可。在教学方法上也仍然采用与通用英语无异的教学模式，课上大部分的时间都用于军事英语单词的讲解与阅读材料的分析，对于军事英语的范围和内容的界定上缺少思考研究。

4.2 学员对于军事英语学习的动机还有待进一步加强

目前，军队院校生长军官高等教育人才培养方案规定，学员在校学习期间需要完成的课程，修满的学分，就已相当于普通高校大学生的1.5倍。除此之外，军校学员还要完成站岗执勤、军事训练等任务，平时可供自己支配学习英语的时间并不多。对于军事英语的学习亦是如此，有的学员认为军事英语和他们以后的工作岗位毫无关系，学习军事英语仅仅是军校众多课程的一部分，学习的积极性较弱。

4.3 军事英语的教材和教员的执教能力还有待进一步提高

目前，全军刚编写了一套军事英语教材，但仍旧处于探索阶段。军事英语是将军事知识与外语知识融为一体的综合课程，其内容涉及语言与军事学科的交叉。这对教员的执教能力提出了更高的要求。而长期以来，我军英语教员普遍是从地方高校招聘，缺少部队经历，更缺乏一些任务经验，在军事英语的教学中，军事知识的匮乏使得教学不够生动，学员的学习体会不够深刻。如何培养一批既会英语、又懂军事的教员的问题亟待解决。

5. 在军队院校英语教学中开展 ESP 教学的对策

尽管ESP教学在军队院校中的应用已经开展了一段时间，但仍然存在着一些不足之处。因此，想要切实发挥ESP教学模式在军校军事英语教学中的实质性作用，就必须寻求解决这一系列问题的有效方法。

5.1 突破传统的 ESP 教学模式

目前，许多军队院校在采取ESP教学模式时，仍然沿用着与通用英语教学无差异的教学方法。想要切实发挥ESP教学模式的实质作用，就必须突破传统的教学模式，引入新的教学方法。我们提议可以在具体教学中引入情境教学法，通过创设适当的情境为学员营造与实际情况较为贴合的模拟环境，强化课程学习的代入感。不仅如此，教员可以适当地把新媒体引入课堂，以学员为中心，引导学员积极参与其中，让他们在多元化的教学环境中提升自身的素质与能力。

5.2 选取适当的ESP教材

目前，各个军队院校所用的ESP教材普遍是自编教材或是从国外购买而来的原版教材。自编教材在实际应用中由于军种和军事行动的差异而对于实际教学造成影响。为此，我们提倡在教材选取的过程中融入发展性的思维，使教材内容更能满足当前阶段专业教学的实际需求。或是各个军校根据自己的实际情况组织军事英语教材的编写，使教材具有校本特色，保证教材的可行性，以适应学员未来职业发展的需要。

5.3 提高师资队伍的综合素质

要在军队院校有效实施ESP教学，关键在于教员。鉴于此，学校可以安排军事专业教员定期为英语教员讲解军事专业知识，加强专业教员与英语教员的合作教学，同时鼓励英语教员攻读军事专业硕士、博士学位，选派教学骨干参加军事类的专业课程培训；或者组织英语教员下部队调研，挂职锻炼，以了解部队对英语实用能力的需求，使他们的综合水平不断提高，从而保障军校ESP教学的质量。

5.4 构建以任职需求为导向的军事英语评价体系

军事英语的教学必须面向职业发展和岗位目标指向的本质要求，了解军官运用英语执行任务的能力和水平，在教学过程中要突出对学员语言应用和表达能力的培养。为了使军队院校毕业的学员能够更好地适应岗位任职的需要，全军各教学专家应该制定统一标准，建构以任职需求为导向的军事英语能力标准体系，使学员能更加明确自己的学习目标，同时也有利于激发他们学习军事英语的兴趣。

6. 结语

ESP教学在各大军队院校中已经不算是一个新的概念，但在应用这一教学模式的过程当中仍然存在着一些问题，想要切实发挥这一教学模式的实质作用仍然任重而道远。尽管我们提出了突破传统的ESP教学模式、选取适当的ESP教材、提高师资队伍的综合素质等几点针对ESP教学有效的改进措施，在未来的教学过程中，我们还需要对于ESP教学的应用进行更为深入的研究，以便有效强化军队院校英语课程开展的总体水平。

参考文献

[1] 高玉婕，孙冻，张明全. 高职英语EGP+ESP教学模式可行性研究[J]. 高教学刊，2018（21）: 65-67.

[2] 李丹云. 基于ESP需求分析理论的医学用途英语教学探索[J]. 外国语文（双月刊），2014（30）: 180-184.

[3] 林勇，王星誉. 基于问题导向的"两双"式高职英语听力能力培养教学改革与实践[J]. 当代教育实与教学研究，2018（11）: 53-55.

[4] 吴蕙霖. 2018. 从高职英语教学现状谈高职英语有效教学策略[J]. 中国多媒体与网络教学学报（中旬刊），2018（11）: 81-82.

军事外语课程思政教学

战争文学课程育人的探索与实践

柳　晓　欧阳晖

（国防科技大学，湖南长沙，410071）

摘要： 战争文学的表现形式和主题的多样性及其情感价值的复杂性等特征赋予了其极为丰富的育人功能。本文基于我校首批研究生课程思政重点建设课程——"英美文学专题：美国战争文学"的教学实践，从教学理念、教学内容设计、教学实施三个方面，探讨如何基于战争文学的育人内涵，开展战争文学课程思政建设。

关键词： 战争文学；课程思政；育人目标

1. 引言

战争历来是文学关注与表现的对象。透过战争文学，我们能从不同侧面了解到各个历史时期的重大时政问题，不同民族对战争的观念、态度、心理的变化与发展以及对战争的记忆。战争文学表现形式和主题的多样性、其价值内涵的丰富性、复杂性和深刻性，以及其感知层面的独特性等等这些特征，赋予战争文学极为丰富的育人功能。笔者结合近几年来我校首批研究生课程思政重点建设课程——"英美文学专题：美国战争文学"的教学实践，从如下方面探讨如何基于战争文学的育人内涵，开展课程思政建设。

2. 基于战争文学的育人内涵深化对课程思政的认识

战争的文学表征不仅形象地记录和刻画了人类个体在战争这样极端环境下的各种情感体验、道德伦理和价值取向，也反映出一个民族（国家）在不同历史时期的重大时政问题。由此，战争文学作为民族身份、国家认同和历史记忆的重要载体，具有十分丰富的育人内涵。对不同民族（国家）战争文学作品的阅读、分析和考察，能够使我们通过历史的维度和他者的视角来了解战争书写背后所承载的教育的本质及其意识形态功能，也由此更加准确地把握教学与育人、知识传授与价值引领之间的关系。

战争是美国历史中不可分割的一部分。由于战争的性质不同以及文学思潮的演变，因而作家创作的主旨和作品的思想内涵也不尽相同，这也使得美国战争文学在呈现个体和群体的战争经历中发挥着记录与想象、反思与遵从、批评与建构等多种功能。在众多关于越南战争的美国文学与文化反应中，越战的记忆被刻画成一场美国战争的记忆，《现代启示录》就是一个佐证。正如普利策文学奖得主越南裔美国作家阮清越所言，"所有的战争都要打两次，一次是在战场上，一次是在记忆上"（Nguyen，2013：144-163）。

基于战争文学的内涵特征以及美国战争文学的独特性，我们引导学生通过文学的透镜来考察和认识其历史发展进程中的各种问题，从文学与社会政治、历史、军事等多方位的交互中，认识到战争文学在民族身份、国家认同、价值观培塑、历史记忆建构以及世界政治博弈等方面发挥着不可替代的作用，由此厚植爱国主义情怀，坚定理想信念、树立中国文化自信、培养人类命运共同体意识，促使学生在思维品质、价值观塑造以及综合素养等方面获得有效提升与发展。

3. 围绕战争叙事、民族身份与国家认同之关联设计教学专题内容

在"英美文学专题：美国战争文学"课程的教学内容设计中，我们主要围绕战争叙事、民族身份与国家认同之间的关联确定专题，引导学生根据国家认同在战争文学"场域"中展示出的不同形态，探讨其核心要素在不同历史时期的战争叙事作品中的独特表征。

3.1 "战争文学与民族、国家认同"专题

我们主要选择反映美国历史上的殖民时期、独立战争和美国内战时期的战争文学作品。比如，《保罗·列维尔骑马来》（1861）是美国19世纪著名诗人亨利·沃兹沃斯·朗费罗创作的一首长篇叙事诗歌。诗人所处时代正值美国国家危机日益严重、内战即将爆发的时期。通过阅读分析这首诗歌，学生可以看到诗人以历史上的民间英雄故事为题材创作了这首家喻户晓的叙事诗，是想以此告诫提醒美国同胞不忘历史、加强内部团结，进而更为深刻认识到文学对于现实的反思和干预功能。

3.2 "战争文学中的迷惘、勇气与抗争"专题

我们主要选择美国文学中关于两次世界大战的作品。比如，《永别了，武器》（1929）以主人公弗瑞德里克·亨利的视角，讲述了他目睹第一次世界大战的残酷、混乱和不义后经历的迷惘，使学生随着主人公的视角想象性地体验一个人在同自身无法理解的力量进行抗争的时候，内心所经历的挣扎，以及"绝望中的勇气"和"重压之下的优雅"。

3.3 "战争文学中的历史、记忆与反思"专题

我们主要选择美国文学中关于越南战争和伊拉克战争的作品。比如,《重新派遣》(2014)是一部由12个短篇故事组成的伊拉克战争短篇叙事集。叙述者是一位期满回国的老兵,他和其他士兵一样,对自身扮演的角色充满羞耻的同时,又对敌人带着陌生而恐惧的疏离感。阅读这些战争文学作品能帮助学生反思美国社会各个群体如何参与到当代美国战争文化的生产与建构之中。

4. 以育人目标为引领在教学实施中激活战争文学潜在的思政功能

在教学实施中,我们以育人目标为导向,在把握战争文学丰富的育人内涵之基础上,引导学生从文学批评的多个层面,以多学科、跨学科视角对战争文学作品进行分析、鉴赏与评判,激活战争文学中潜在的思政功能。

4.1 树立正确意识形态导向,在战争文学的教学过程中注意把握中国立场

秉承"立德树人"教育理念,树立正确的意识形态导向,在教学中注意把握中国立场,从课程所涉战争、军事、历史、文学、人文、国家、国际等方面,增加课程的高阶性和创新性、人文性,将语言技能、文学知识、精神素养的结合融入思想道德修养、人文素质、国家安全意识和辩证性思维能力的培养。

4.2 从历史、现实、未来的维度引导学生思考战争文学作品产生的多重因素

从历史、现实、未来的维度引导学生思考战争文学作品产生的多重因素,一方面探讨战争文学经典作品与政治、军事、技术、语言以及意识形态结构等多方交互作用及其背后的动因,另一方面分析揭示错综复杂的政治历史文化环境如何影响和拓展了文学叙事的策略与功能,以此帮助学员洞悉不同历史时期卷入战争的民族国家之文化心理、精神内核和情感结构,提升审美素养,规范道德准则,激发生命正能量,塑造正确的价值观。

4.3 将文学经典原著阅读与人类生活世界和学员人生体验相沟通

通过探究式学习等教学方法,创设问题情境,通过理论讲授和研讨、辩论等互动性的交际活动,将文学经典原著阅读与人类生活世界和学员人生体验相沟通,引导学员在战争文学作品的感性体认中,领会文学的魅力、思想的魅力和真理的魅力,帮助学员在了解文学批评基本要素的基础上,掌握文学批评的基本分析方法,增强批判思维能力和表达沟通能力。

4.4 拓展课程思政超链接

　　战争文学是思考和参与社会、政治、经济、历史问题的媒介和切入点，也是激发学生铭记历史，培养家国情怀、爱国主义的重要载体。我们将美国文学作品中的战争文学作品置于世界历史和文化发展的进程中考察，引导他们客观分析与评判不同历史时期战争作品背后的民族文化心理、情感价值、审美取向以及国家立场和意识形态表征。同时，结合中国近现代史、中国革命史和党史，引导学生进行思政超链接拓展和延展性思考，运用历史思维增强使命担当。

　　外语教育本身具有鲜明的特殊性，需要直接面对国外意识形态和西方主流话语，其文化价值观常常渗透在语言背后。因此，我们既要引导学生理解世界文化的多样性，客观判断和品评西方文学作品及其文化表征，又要辩证地分析美国文学关于战争与历史书写中多重话语背后的复杂性，提高他们在直面西方意识形态时的价值判断能力，促使他们在研读美国战争文学的过程中，内化对中华历史和文化的认同感，形成中国情怀、世界眼光的文化品格以及实现强国梦的担当意识。

参考文献

[1] Hemingway, Ernest. *A Farewell to Arms: The Hemingway Library Edition* [M]. New York: Simon and Schuster, Klay, Phil. Redeployment. London: Penguin, 2012.

[2] Nguyen, Viet Thanh. Just Memory: War and the Ethics of Remembrance [J]. *American Literary History*, 2013(1): 144-163.

[3] 黄国文. 思政视角下的教材分析[J]. 中国外语，2020（5）.

[4] 教育部. 教育部关于印发《高等学校课程思政建设指导纲要》的通知[DB/OL]. http://www.gov.cn/zhengce/zhengceku/2020-06/06/content_5517606.htm.（2020年5月28日读取）.

[5] 刘正光，岳曼曼. 转变理念、重构内容，落实外语课程思政[J]. 外国语，2020（5）.

[6] 文秋芳. 大学外语课程思政的内涵和实施框架[J]. 中国外语，2021（2）.

[7] 杨金才. 外语教育"课程思政"之我见[J]. 外语教学理论与实践，2020（4）: 48-51.

加强教员思政能力建设
提升课程思政实效性

李丙午　王　凯　刘　雯

（战略支援部队信息工程大学，河南郑州，450000）

摘要： 外语教学在军队院校教学中起着重要作用，外语教员则是全面推进"课程思政"建设的关键力量。分析军队院校外语师资普遍存在的"三多一少"的特点，阐述军队院校外语课程思政实施过程中部分共性问题的成因，研究提高师资队伍思政能力建设的策略，以确保"课程思政"建设落地落实，提高"课程思政"的有效性。

关键词： "课程思政"；"三多一少"；军队院校；外语师资

1. 引言

2016年，习近平总书记在全国高校思想政治工作会议上强调："高校思想政治工作关系到高校培养什么样的人、如何培养人以及为谁培养人这个根本问题""各类课程与思想政治理论课同向同行，形成协同效应"。习近平总书记的重要讲话对广大教育者提出了新要求。

公共外语课程是高等院校的必修课程和基础课程，对于人才培养有着不可替代的作用。2020年6月教育部颁布的《高等学校课程思政建设指导纲要》中指出，"全面推进课程思政建设，就是要寓价值观引导于知识传授和能力培养之中，帮助学生塑造正确的世界观、人生观、价值观，……要紧紧抓住教师队伍'主力军'……"。因此，教师队伍建设是全面推进公共外语"课程思政"建设的重中之重。

军队院校公共外语教学具有受众面广、课时量大、学习时段跨度长等特点。除承载了外语本身的工具特性之外，还兼具人文性和军事性。如何结合军队院校教学的特点，发挥公共外语课程的思政育人功能，实现语言课程与"课程思政"的有机融合，让学员在熟悉本国国情的背景下认识西方文化，提高遂行多样化军事任务能力，是每一个军队院校教育工作者所面临的课题。

2. 军队院校外语师资队伍的现状

随着军队编制体制调整改革的深化，公共外语教研队伍呈现出明显的新特点，概括说来是"三多一少"。

2.1 文职人员多

2013年起，由于军队院校编制体制调整，大部分院校编制人数大幅减少，且均为文职人员编。此后，为落实现编，逐年扩大文职人员招聘力度且占比不断增大；与此同时，每年都有大批现役教员离开工作岗位，在岗教员人心不稳，给师资队伍建设带来很大困扰。

2.2 年轻女教员多

大部分院校外语教员为新进文职人员，他们已经成为教学工作的中坚力量，但由于他们中绝大多数是毕业即进入大学承担教学工作，缺乏足够的教学业务培训。且其中大部分是女性，往往入职两三年就开始承担为人妻以及为人母的责任，特别是计划生育政策进行重大调整以后，文职教员中生育二胎的意愿较为普遍，导致女性文职教员养育幼儿时间延长，因此育儿带来的家庭生活事件明显增多，压力增大。随着调整改革期间的落编要求，每年引进的文职人员人数较多，导致其晋职晋级压力增大。

2.3 工作头绪多

编制人数减少而教学班次没有减少导致工作量增大。培训任务和人才培养目标都有很大变化，大部分教研室承担了士官、本科生、硕士研究生、博士研究生等多层次多门类的教学任务，课头多，备课量大。各学校高度重视教学督导工作，采取了很多措施督促年轻教员提高业务水平，如举办月度抽查和年度抽查等教学比赛活动，教员压力大。除了承担日常教学任务之外，教员还需要从事大量科研以及军事理论研究，科研任务重。此外，教员还需要承担值班、公差勤务等非教学科研任务，冲击正常教学科研。

2.4 对部队情况了解少

大部分年轻老师是近年来从地方大学来到学校任教，普遍存在对部队和军校不甚了解甚至一片空白的情况，在知兵晓战、军事教育理论素养方面尚有很大不足；另外，学习经历决定了他们长期受到西方文化的浸润，在世界观、价值观等方面与军校国防教育岗位要求存在着或多或少的差距。

3. 军队院校外语"课程思政"实施中的共性问题及成因

通过调查发现，在军队院校外语"课程思政"过程中，从教员队伍角度查找问题，主要存在课程思政形式大于内容、"课程思政"思政课程化等亟待研究解决的问题，不能达到"课程思政"的实效目的。出现这些问题的原因有多方面。

3.1 "课程思政"意识不足

"课程思政"要求提出之初，一些教员存在惯性思维，认为外语课程教学的目的就是培养学员的语言能力，对外语课程思政教育的必要性、重要性和紧迫性认识不到位，对外语课程的思政教育责任没有自觉担当意识。近两年由于大学对"课程思政"的落实要求，教员对外语"课程思政"的重要性意识有明显提升，但还不同程度存在对其内涵、意义领悟不够，具体到教员自身和课程就存在将"课程思政"表面化、形式化等倾向。

3.2 "课程思政"理论素养不足

外语教学的"课程思政"要求教员必须具备一定的思想政治教育理论素养，而又因现阶段军队院校公共外语师资队伍"三多一少"的特点，导致部分教员存在马克思主义理论素养不足，对《纲要》里明确要求的课程思想政治建设的重点学习和领会把握不深，在一定程度上影响"课程思政"建设的水平和实效性。

3.3 "课程思政"挖掘与融入能力不足

"课程思政"是教育领域的新理念、新风向，现有外语课程教材内容不能直接符合思政教育需要，所以教学实施者要充分挖掘课程内容所蕴含的思政元素和资源并有机融入教学过程中。但是如果教员"课程思政"挖掘能力欠缺，就会出现牵强附会、生搬硬套的问题，将思政教育和外语教学变成了"两张皮"，思政教育弄成了"盖浇饭"，人为地强加在外语教学内容上，不能对青年学员的健康成长发挥应有的作用，也就违背了"课程思政"的初衷。

4. 提高师资队伍思政能力建设策略思考

打铁还需自身硬，教员"课程思政"意识和思政能力直接关系"课程思政"的质量和效果。作为公共外语课程教员，应持续不断强化"课程思政"意识、责任意识和育人意识，注重个人"课程思政"能力建设，不断提升理论水平，找准育人角度，提升育人能力，确保"课程思政"建设落地落实、见功见效。

4.1 加强政治理论学习，提高教员的思政意识

高度重视"课程思政"工作，加强政治理论学习，认真学习"课程思政"的具体

内涵，提高教员的思政站位和理论水平。组织学习马克思主义基本原理、习近平新时代中国特色社会主义思想和习近平强军思想学习，让"课程思政"成为教员的思想和行动自觉，做到"三尺讲台有纪律、三尺讲台有情怀"。建立常态化"课程思政"大研讨机制，加强与思政课教员的联合研讨，将外语课和思政课的学科差异变为优势互补，实现同频共振，双向促进。

4.2 创造有利条件，提高外语教员"课程思政"能力

加强对外交流，为教员提供更多的充电机会，提高教员实施"课程思政"能力。通过集体备课等活动，深度挖掘教材内容的"课程思政"元素，共同探讨外语能力与"课程思政"深度融合的方法。通过代职锻炼等深入了解部队需求，对标时代责任和军队使命，探索课程和思政、思战功能的结合，使课程思政更具针对性。支持教员聚焦部队需要搞科研，着眼外语与我校优势学科融合申报课题，在讨论和争鸣中提高教员的"课程思政"研究实践水平。

4.3 树立健康导向，构建科学综合评价体系

充分发挥基层党支部的作用，尽全力解除青年教员教学和生活中的后顾之忧。树立正确的评价导向，围绕立德树人根本任务，在学评教体系中使德育元素成为评价的重要标尺。建立动态化、常态化、滚动式评价模式，强化评价的过程管理。

5. 结束语

公共外语课程作为学校课程体系的重要组成部分，是回答"为谁培养人"和"培养什么人"这一根本性问题的关键环节。结合军队院校师资队伍建设，分析军队院校外语师资的特点，构建军队院校外语"课程思政"的实施策略，对提升军队院校外语课程思政的实效性有着特别的现实意义以及理论价值。军队院校的每一位外语教员都承担着神圣的使命，应当深入理解"课程思政"教育理念，提升外语思政能力，实现育人有温度、润物细无声。

参考文献

[1] 陈启飞等. 军队院校本科专业课课程思政的探索与实践[J]. 高教学刊，2021（3）.

[2] 何玲玲，梁影. 高校专业课教师课程思政建设存在的问题与对策探究[J]. 高教论坛，2021（2）: 7-10.

[3] 潘海，英袁月. 大学外语课程思政实践探索中的问题分析与改进对策[J]. 山东外语教学，2021（3）: 53-62.

[4] 文秋芳. 大学外语课程思政的内涵和实施框架[J]. 中国外语，2021（2）: 47-52.

[5] 习近平. 习近平在全国高校思想政治工作会议上强调：把思想政治工作贯穿教育教学全过程开创我国高等教育事业发展新局面[N]. 人民日报，2016-12-09（1）.

[6] 张娟娟. 大学英语课程思政存在的问题和对策[J]. 承德石油高等专科学校学报，2021（4）: 69-72.

[7] 中华人民共和国教育部. 高等学校课程思政建设指导纲要（教高〔2020〕3号）[Z]，2020（6）.

[8] 周松，邓淑华. 高校课程思政建设存在的问题及路径优化[J]. 学校党建与思想教育，2021（10）: 59-60.

对在外语专业教育中
开展"课程思政"的思考

李志雪　樊　珂

(国防科技大学,江苏南京,210039)

摘要: "课程思政"概念自2014年提出以来,得到了全国高校的广泛关注和高度重视。因其专业性质的特殊性,外语专业的学生处于西方文化影响的前沿,因此在外语课程中开展思政教育显得尤为重要。外语专业课程思政体系构建可以从人才培养方案设计、师资队伍建设、教材建设、课程建设和课程评价体系建设等多方面着手,为培养具备国际视野和中国情怀的优秀外语人才奠定扎实的基础。

关键词: 课程思政;外语专业;课程思政体系构建

1. "课程思政"的由来

2014年,上海市率先提出"课程思政"的理念,并选择了一批学校进行试点(赵蒙成,2019:12)。2016年12月,习主席在全国高校思想政治工作会议上指出:"……要用好课堂教学这个主渠道,思想政治理论课要坚持在改进中加强,提升思想政治教育亲和力和针对性,满足学生成长发展需求和期待,其他各门课都要守好一段渠、种好责任田,使各类课程与思想政治理论课同向同行,形成协同效应。……"(习近平2016:1)2017年12月,教育部出台《高校思想政治工作质量提升工程实施纲要》,要求"……大力推动以课程思政为目标的课堂教学改革,优化课程设置,修订专业教材,完善教学设计,加强教学管理,梳理各门专业课程所蕴含的思想政治教育元素和所承载的思想政治教育功能,融入课堂教学各环节,实现思想政治教育与知识体系教育的有机统一。"(新华网,2020:22)该文件进一步明确了新时代高校课程思政建设的目标和任务。2018年6月,教育部原部长陈宝生在新时代全国高等学校本科教育工作会议上强调,要在持续提升思政课质量的基础上,推动其他各门课都要"守好一段渠、种好责任田",要明确所有课程的育人要素和责任,推动每一位专业课老师制定开展"课程思政"教学设计,做到课程门门有思政,教师人人讲育人(2020:19)。

"课程思政"是一种以育人为核心的课程观,强调以专业为载体,树立"大思政"的育人理念,将"立德树人"教学理念贯彻于专业人才培养方案,将"课程思政"融入人才培养方案、课程标准、教材、课堂设计以及教学评价体系中，实现"知识传授与价值引领相结合"的目标，构建全课程育人格局（王春香，2020：149）。

2. 外语专业教育中课程思政的重要性

外语专业的学生处于西方文化影响的前沿，承担着将来交流传播中西文化的历史重任，外语专业应该当仁不让地探讨各门课程教学的使命担当，充分挖掘专业课程所隐含的思想政治教育元素，积极探索将思政教育融入专业教育教学的有效途径，将爱国主义、文化自信培养和人生目标树立融入日常教育中，实现思政内容和专业发展的有效衔接（汪剑，2020：79）。

教育部高等学校教学指导委员会出台的《普通高等学校本科专业类教学质量国家标准（外国语言文学类）》（2018：35）对外语类学生的政治素质提出了明确要求："外语类专业学生应具有正确的世界观、人生观和价值观，良好的道德品质，中国情怀与国际视野，社会责任感……"2020年4月出台的《普通高等学校本科外国语言文学类专业教学指南》（上）进一步指出："……落实立德树人根本任务。办好英语教育，首先要解决好'培养什么人、怎样培养人、为谁培养人'这一根本问题。我们要旗帜鲜明地坚持将立德树人作为英语教育的根本，不断完善具有中国特色、中国风格、中国气派的英语教育体系，探索英语类课程思政新模式和协同育人新举措，努力培养具备沟通能力、人文素养、中国情怀、国际视野的英语专业人才和复合型人才。"

由此可见，外语专业课程思政是培养具有国际视野和中国情怀的跨文化交际人才的关键环节，也是培养外语专业领域社会主义建设者和合格接班人的重要抓手。

3. 外语专业教育中实施课程思政的路径

外语专业课程思政建设是一项复杂的系统工程，必须充分挖掘外语专业课程隐含的思想政治教育元素，积极探索将思想政治教育有机融入外语专业教育的有效途径，全力构建全方位、全过程、多角度、多领域的外语课程思政体系。笔者认为，外语专业课程思政实施体系的构建可以从人才培养方案设计、师资队伍建设、教材建设、课程建设和课程思政评价体系建设等多方面着手。

3.1 人才培养方案设计

外语专业在制（修）订人才培养方案时，应该将"课程思政"理念充分融入其中，整体规划"课程思政"教学要求；同时，要依据不同阶段、不同课程的教学内容和教学目标，找准思政教育切入点，将社会主义核心价值观、国家情怀、民族精神、中华优秀传统文化等思政元素融入教育教学环节，形成一套系统完备的指导外语教学的"课程思政"培养方案，并在此基础上构建比较完备的涵盖外语课程思政培养体系的人才培养方案，从而有效实现人才培养目标。

3.2 师资队伍建设

外语专业教师是外语专业实施"教书育人"的主体，是外语专业课程育人的第一责任人。首先，外语专业教师必须始终清醒地认识到，自己的专业领域是意识形态安全的最前沿，随时面临西方思潮的影响和冲击，必须始终牢记自己是课程育人的第一责任主体；其次，外语专业教师必须在不断提升自身专业素养的同时，注重加强思想政治教育理论学习，自然且娴熟地将主流价值融入外语专业知识的传授，使学生在课堂教学中潜移默化地受到思想政治教育的熏陶，培养正确的三观；最后，要搭建外语专业教师同思政教师交流协作的平台，熟练掌握思政的路径与方法，有针对性地选取教学素材，选择恰当的教学方法开展课堂教学，以确保外语课程教学过程中思政教育内容的时代感和吸引力。

3.3 教材建设

在编写外语专业教材时，编写者必须精心选择能够体现符合国家利益和价值观念的素材，将与主流价值观不符或者相悖的材料剔除，以确保充分发挥教材文化输入和文化输出的双向文化导向，凸显教材的思想政治教育和价值引领作用。

3.4 课程建设

在课程建设中，要特别关注如下三个方面：首先，要依据外语专业课程的性质与内容，对课程思政教学目标、教学内容、教学方法等进行详细规划设计，确保目标明确、内容合适、方法得当；其次，要根据外语专业课程的特点，以教材为基础，深入挖掘外语专业课程教学中隐含的德育内容和思政元素，将思想政治教育有机嵌入到教材中，实现外语专业课程思政教育的潜移默化；最后，要打造一批外语专业课程思政精品课程和示范课堂，通过以点带面、示范引领，创造浓厚的"课程思政"氛围，达到"课程门门有思政，教师人人讲育人"的预期效果。

3.5 课程思政评价体系建设

要狠抓课程思政评价体系建设，构建完备的质量管理体系。首先，教学管理队伍要能够助力"课程思政"体系化建设；其次，要逐步完善质量监控体系；再次，要建立一套评价体系和评价标准。要建立有利于促进"课程思政"体系化建设的教学科研成果评价体系，确保正确的政治方向、价值取向和教学科研导向。

4. 结语

"课程思政"是新时期对专业课程建设的基本要求，是党和国家赋予外语教师的神圣使命，外语专业教师必须积极投身"课程思政"的实践热潮，确保外语专业课程与思政课程同向同行、同轴运转、同频共振，形成协同效应，为培养具备国际视野和中国情怀的优秀外语人才奠定扎实的基础。

参考文献

[1] 陈宝生. 坚持以本为本 推进四个回归 建设中国特色、世界水平的一流本科教育[OL]. http://zys.hrbeu.edu.cn/2018/0906/c1895a199710/page.htm.（2020年3月19日读取）.

[2] 教育部高等学校教学指导委员会. 普通高等学校本科专业类教学质量国家标准（外国语言文学类）[M]. 北京：高等教育出版社，2018.

[3] 教育部高等学校外国语言文学类专业教学指导委员会英语专业教学指导分委员会. 普通高等学校本科外国语言文学类专业教学指南（上）[M]. 北京：外语教学与研究出版社，2020.

[4] 汪剑. 课程思政视角下高校英语专业课程思政教学的使命与担当[J]. 湖北开放职业学院学报，2020（5）：79-80.

[5] 王春香. 课程思政化视阈下英语教师思政素养提高的路径研究[J]. 语言文学研究，2020（6）：149-150.

[6] 习近平. 把思想政治工作贯穿教学全过程 开创我国高等教育事业发展新局面[N]. 人民日报，2016-12-09（1）.

[7] 新华网. 高校思想政治工作质量提升工程实施纲要[OL]. http://education.news.cn/2017-12/06c_129758619.htm.（2020年3月22日读取）.

[8] 赵蒙成. 构建"课程思政"生态圈[N]. 中国教育报，2019-05-17（11）.

探析军校大学英语课程思政教学目标的设计路径及编写策略

刘　莹　贡卫东　赵宇星

（陆军工程大学，江苏南京，210000）

摘要： 围绕军校大学英语课程思政教学目标，首先研究其内涵、制定依据及制定原则，接着从课程、单元和课时三个层次分析军校大学英语课程思政教学目标链的设计路径，最后从思政教学目标的层次、表述方法和编写要求三方面，结合军事英语教学实例探讨思政教学目标的编写策略，帮助军校大学英语课程落实立德树人的根本任务。

关键词： 课程思政；大学英语；教学目标；教学设计

教育部《高等学校课程思政建设指导纲要》（以下简称《纲要》）指出"全面推进课程思政建设是落实立德树人根本任务的战略举措"，高校课程思政要落实到课程目标设计等各方面，贯穿课堂授课等各环节。教学目标的设定会体现出课程的要求和主旨意义，从而将特定的育人理念贯穿于实际，实现课程的功能和价值（李森、陈晓瑞，2015）。可见，教学目标的设定是落实课程思政立德树人根本任务的关键环节。然而，课程思政教学目标设计存在要求笼统、用词泛化、目标达成检验难等问题，且国内鲜有专门探讨课程思政教学目标设计的研究。为更好发挥教学目标在"铸魂育人"教学活动中的指向、评估和激励作用，本文以军校大学英语课程为例，研究课程教学目标的内涵、制定依据及制定原则，讨论课程思政教学目标链的设计路径及编写课程思政教学目标的策略。

1. 大学英语课程思政教学目标的内涵、制定依据及原则

1.1 课程思政教学目标的内涵

教学目标一般分为认知、动作技能和情感三个领域。情感领域教学目标由低到高分为接受（注意）、反应、价值评价、组织和价值观念5个层次（杨梅玲、毕晓白，2015）。可见，情感领域的教学目标与态度、价值观念和高尚情操等密切相关。因此，思政教学目标属于情感领域的教学目标。

1.2 课程思政教学目标的制定依据

制定教学目标时，首先需考虑"教育变革"，关注"学生发展核心要素"（杨梅玲、毕晓白，2015）。《纲要》指出，"落实立德树人根本任务，必须将价值塑造、知识传授和能力培养三者融为一体、不可割裂。全面推进课程思政建设，就是要寓价值观引导于知识传授和能力培养之中。"外语教育的六种关键能力，每一项都包括"核心知识、核心技能、情感品格、自我管理和价值观这五个要素"。其中，"价值观对关键能力的培养起着统领作用，它应该是关键能力的'魂'"（文秋芳，2020）。因此，大学英语课程思政应以价值观塑造为第一要务，将价值引领与语言知识和能力的培养协调一致。

其次，教学大纲是制定教学目标的直接依据（杨梅玲、毕晓白，2015）。《军队院校大学英语教学大纲》（以下简称《大纲》）指出大学英语课程的教学目标是"通过学习，掌握通用英语、军事英语基本知识和应用能力，培养跨文化交流、批判性思维和自主学习能力，拓宽国际视野，适应职业发展和对外军事交往需要。"结合当前课程思政的要求、大学英语教育的关键能力培养，应将价值观的塑造和培养融入《大纲》提出的课程教学目标中。

1.3 课程思政教学目标的制定原则

教学目标的制定需遵循"整体性、可行性、可操作性、阶段性和科学性"（杨梅玲、毕晓白，2015）五个原则。其中，整体性指"力求在知识与技能、过程与方法、情感态度价值观三个维度有机结合，力求与课程大纲所规定的目的要求一致"。可行性指要"适度、恰当，符合学生实际"。可操作性指目标要"简明、具体、易操作、易检测"。阶段性指不同阶段（本科、研究生等）应有不同侧重。科学性指"对不同层次、不同类别的知识，用不同的行为动词作出具体而恰当的描述，严格把握分类的准确性、描述的严密性"。这五个原则为制定军校大学英语课程思政教学目标提供了指导方向和要求。

2. 军队院校大学英语课程思政教学目标链的设计路径

为实现一定的教学目标，各层级教学目标会构成具有递进关系的统一整体（李森、陈晓瑞，2015）。因此，应以军队院校培养目标为引领，构建各校大学英语课程、单元和课时三层次思政教学目标链。

2.1 课程思政教学目标的设计

就公共基础课的课程思政而言，《纲要》指出要注重在潜移默化中坚定学生理想信念、厚植爱国主义情怀、加强品德修养、增长知识见识、培养奋斗精神，提升学生综合素质。基于军校课程立德树人和为战育人的根本任务以及《纲要》要求，军校大学英语课程的情感教学目标可在原有基础上增加《纲要》部分要求，设置为：通过课程学习，学员坚定军人核心价值观，具备较强的家国情怀和为战意识，能够适应职业发展和对外军事交往需要。

2.2 单元思政教学目标的设计

大学英语课程一般按单元组织教学，各单元目标不同。单元目标是课程目标的具体化，对指导教学实践有直接的规范和指导作用（李森、陈晓瑞，2015）。因此，在具体的单元教学中，根据整体性原则，应将课程总目标细化为单元分目标：语言知识目标、语言能力目标和情感目标。各单元的情感目标应支撑课程情感教学目标的实现。

2.3 课时思政教学目标的设计

课时目标是对每课时教学的具体要求，即每堂课的教学目标（李森，2015）。课时目标是对单元目标的进一步细化。因此，在撰写课堂教学目标时，应从知识、能力和情感三个维度，将单元目标落实到课堂，"通过讲解语言知识，培养关键能力，实现价值观塑造，达到有机融合，润物无声"（成矫林，2020）。

3. 思政教学目标的编写策略

3.1 思政教学目标的层次和描述动词

思政教学目标编写的难点在于其描述的都是内部或内隐的感情和情绪，描述起来较为困难（杨梅玲、毕晓白，2015）。表1综合了布卢姆等人（李森、陈晓瑞，2015）和国内专家（杨梅玲、毕晓白，2015）提出的情感领域目标设计，详细说明情感领域教学目标的层次及常用的行动动词。

表1：情感领域目标层次及行为动词参考表

层次	行为动词
接受（注意）	听讲、知道、发问、描述、给予、把握、指明、点出、找出、注意、命名、应用、选择、赞同、容忍
反应	讨论、陈述、回答、完成、选择、列举、标明、呈现、阅读、背诵、遵守、书写、记录、听从、支持、赞成、欢呼、表现、帮助

（待续）

（续表）

层次	行为动词
价值评价	接受、承认、参加、完成、决定、影响、支持、辩论、论证、判别、区别、解释、评价
组织	坚持、改变、安排、联合、完成、申辩、说明、归纳、指明、命令、组成、准备、关联、合成、讨论、组织、判断、使联系、确定、建立、选择、比较、定义、系统阐述、权衡、选择、制定计划、决定
价值观念（性格化）	建立、分辨、影响、倾听、修正、表现、实践、提议、服务、应用、验证、改变、接受、判断、拒绝、相信、继续、解决、贯彻、要求、抵制、认为、正视

3.2 思政教学目标的表述方法

毕晓白提出五要素行为目标表述法，即行为主体（学生），行为对象（具体的教学内容），行为动词（可测量、可评价、具体而明确），行为条件（环境、人、设备、信息、时间及问题明确性等因素）和行为标准（时间限制、准确性、成功的特征）（杨梅玲、毕晓白，2015）。其中，行为对象和行为动词不可省略。综上所述，利用表1选择不同的动词，描述学习者在什么样的条件下，以什么样的标准围绕什么学习内容完成什么活动或行为，就可以写出高质量的情感目标。比如，《军事英语听说教程（修订版）》第九单元"伞兵团"第4节课"军旅生涯"的思政教学目标可设置为：学员在学习、交流和介绍我军优秀军事人物军旅生涯后，能够归纳勇于担当、服务部队、无私奉献、崇尚荣誉等优秀军人品格，并表现出投身学习和训练、报效祖国的意愿。

3.3 思政教学目标的编写要求

除了掌握情感类教学目标的层次和表述方法，在具体思政教学目标的编写阶段，参考国内专家提出的教学目标编写要求（杨梅玲、毕晓白，2015），应注意以下五点：首先，思政教学目标设定的必要性和可行性，即所设定的目标应在总目标范围之内（这点已在目标链设计中提及）以及目标制定应恰如其分。其次，思政教学目标要全面反映出直接和未来需要的各种信息。第三，如上文（设计原则中的可操作性和科学性）所述，思政教学目标表述要清晰、明确、具有可操作性，使用特定的行为术语来描述。第四，教学目标内容虽力求全面但不能机械，并非每次课都能达成思政目标。最后，要通过一定途径对所设思政目标进行检测。

4. 总结

充分理解课程思政教学目标的内涵、制定依据和制定原则，有助于设计科学合理的大学英语课程思政教学目标，从而帮助发挥教学目标在课程思政中的指向、评估和激励作用。以军校培养目标为引领，构建大学英语课程、单元和课时三层次教学目标链可帮助课程思政目标落实到课堂。最后，通过明确思政教学目标的层次、表述方法和编写要求，可帮助编撰科学理想的思政教学目标。如何在教学过程中具体落实思政教学目标以及如何科学高效地检测思政教学目标的达成度还需精心设计和进一步研究。

参考文献

[1] 成矫林. 以深度教学促进外语课程思政 [J]. 中国外语，2020（5）：32-38.

[2] 教育部. 高等学校课程思政建设指导纲要 [OL]. http://www.moe.gov.cn/srcsite/A08/s7056/202006/t20200603_462437.html.（2022年9月13日读取）.

[3] 教育部高等学校大学外语教学指导委员会. 大学英语教学指南（2020版）[S]. 北京：高等教育出版社，2020.

[4] 李森，陈晓端. 课程与教学论 [M]. 北京：北京师范大学出版社，2018.

[5] 文秋芳. 产出导向法：中国外语教育理论创新探索 [M]. 北京：外语教学与研究出版社，2020.

[6] 杨梅玲，毕晓白. 大学课堂教学设计 [M]. 北京：清华大学出版社，2015.

"思辨+思政"融合式大学英语教学策略探析

李海宁

（国防科技大学，江苏南京，210039）

摘要： 在"思辨能力"和"课程思政"越来越受重视的背景下，本文尝试"以思辨做思政"，提升二者在教学设计中的比重，通过案例分析，在以思辨类产出为导向的大学英语课堂中，探索融合"思辨+思政"的有效教学策略，促进大学英语教学向"以学习为中心"转变。

关键词： 大学英语；思辨能力；课程思政；融合；教学策略

1. 引言

新版《大学英语教学指南》（2020）强调了大学英语课程性质兼具工具性和人文性，教学目标在传统的听、说、读、写、译五个能力维度的基础上增加了"思辨能力"，突出了对学生综合文化素养和高阶认知能力的培养。此外，《指南》强调了大学英语课堂作为课程思政主阵地的重要性，通过将"课程思政"融入大学英语教学的全过程，注重加强对学生的世界观、人生观和价值观的教育，注重中华优秀传统文化的传承和创新，增强文化自信和民族自豪感，为社会培养更多全面发展的人才和可靠的接班人。

本文聚焦于"思辨"与"思政"相融合的大学英语教学设计，结合大学英语课程教材实例，探讨如何将二者充分融入教学各个环节。

2. 现状与问题

大学英语课程教学设计大多重语言、技能、记忆和重复，轻思辨、人文。思辨能力培养的研究也多集中在英语专业课堂，比如英语演讲与辩论课；而非英语专业受限于课程学时数、课程定位，最多能够选修少量相关课程。此外，大学英语课程教学在思辨和思政的设计上会出现方法过于简单、流于形式的现象，比如设置了问题，却没有引导启发，学生"想不到说不出"；或简单留作课后思考，学生课下参与积极性低，从而没有形成有效产出；或者以教师观点为中心，倾向于知识的简单关联与事实检验，没有让学生入脑入心，思政教育效果不明显。

3. 研究背景

近些年，国内学者对思辨能力以及思政教育开展了广泛且深入的研究，为大学英语教学的实践和改进提供了借鉴与启迪。

思辨能力（critical thinking）属于高层次思维能力。文秋芳、王建卿（2009：42）的思维能力层级理论模型（见表1）主张将其细化为居于第一层次的元思辨能力（自我调控能力）和第二层次的思辨能力；而思辨能力有认知和情感两个维度，认知技能包括分析、推理、评价三项核心技能，有五条标准，即精晰性、相关性、逻辑性、深刻性、灵活性；五大情感特质包括好奇、开放、自信、正直、坚毅。强调思辨能力的培养，与打牢听说读写译五大语言基本功并不相悖，而是相辅相成的关系。孙有中教授（2019）提出，思辨教学理念主张"通过思辨性听说读写活动，使英语学习与思辨学习融为一体，同步提高英语能力和思辨能力"。同时，孙教授（2019：826）提出了 TERRIFIC 八项思辨英语教学原则，即对标（Target）、评价（Evaluate）、操练（Routinize）、反思（Reflect）、探究（Inquire）、实现（Fulfill）、融合（Integrate）、内容（Content），助力于启发教师思辨教学活动的设计。

表1：思辨能力层级理论模型（文秋芳、王建卿，2009：42）

元思辨能力（自我调控能力）————第一层次		
思辨能力————第二层次		
认知		情感
技能	标准	好奇（好疑、好问、好学）
分析（归类、识别、比较、澄清、区分、阐释等）	精晰性（清晰、精确）	开放（容忍、尊重不同意见，乐于修正自己的不当观点）
	相关性（切题、详略得当、主次分明）	
推理（质疑、假设、推论、阐述、论证等）	逻辑性（条理清楚、说理有根有据）	自信（相信自己的判断能力、敢于挑战权威）
评价（评判预设、假定、论点、论据、结论等）	深刻性（有广度与深度）	正直（追求真理、主张正义）
	灵活性（快速变化角度、娴熟自如地交替使用不同思辨技能）	坚毅（有决心、毅力，不轻易放弃）

思政教育是育人理念。大学英语课程跨文化教育资源多，覆盖面广，蕴含丰富的思政元素。思政与思辨，一个是宏观理念指导，一个是具体方法指引和能力目标；思辨能力中的情感维度与思政教育的理念相契合，而其认知技能维度则为大学英语教学实践提供了方法、途径和着手点，而思辨能力的标准则提供了评价标准。

4."思辨+思政"教学策略

在孙有中教授提出的TERRIFIC思辨八项原则的指导下，本文通过把"思辨"与"思政"相融合，尝试"以思辨工具做思政"，最大程度地发挥学生的主动性，以期探索贯穿教学全过程的有效教学策略。笔者所在高校采用了基于"产出导向法"的《新一代大学英语综合教程》，本文选取发展篇1中Unit 4 History and Memory的一篇课文 *Holocaust Memorial Museums in America*（《美国的大屠杀纪念馆》）为例，来阐述笔者关于大学英语"思辨+思政"教学策略的几点思考。

在输出驱动阶段，教师可以采用"情景基础+任务导向"的模式，即结合单元主题、课文内容、时事热点、争议性问题等思政素材，模拟相应的情景，设计能体现思辨性的辩论、汇报、写作等任务。比如，案例单元探讨的是了解、学习、铭记历史的意义，所选课文从西方视角讲述了美国这一看似与二战期间犹太人遭遇大屠杀无关的国家设立国家级大屠杀纪念馆的意义。对标（Target）单元主题和内容，设计思政和思辨目标；从"what-why-how"的逻辑，联想到《辛德勒的名单》等反映二战犹太人遭遇的影片，联想到南京大屠杀遇难同胞纪念馆的设立、美籍华裔女作家张纯如揭露日本二战暴行，联想到日军侵华战争中中国幸存的"慰安妇"长篇纪录片《二十二》以及少数群体历史文化的抢救式保存，联想到历史传承与思政教育的必要性等。基于以上思考，可以针对个别事件或事件背后的现象设置辩题或研讨话题，例如：

（1）惨痛、残酷的血泪历史该忘却还是铭记

（2）如何看待"以和平之名淡化甚至歪曲历史"

（3）学史：历史传承与思政教育的意义

（4）南京大屠杀遇难同胞纪念馆建立的意义

在输入促成阶段，教师可采用"问题导向法"，结合材料内容、特点，设计具有启发性、思辨性、跨文化性的问题，创造自由探究（Inquire）的机会；提问的有效设计能够启发引导学生就中外文化、政治、经济现象进行阐释（why）、赏析（See-Think-Wonder）、深度探索（Think-Puzzle-Explore）、反思（I Used to Think...Now I Think）、多角度看问题和审视比较多种主张（孙有中，2019：830）。

比如针对二战时期纳粹德国对犹太人大屠杀的简介，可设计如下问题：

（1）阐释类：希特勒迫害犹太人的原因

（2）归纳总结类：大屠杀的不同阶段

（3）情景假设类：如果你是二战受迫害的犹太人后裔，你选择忘却还是纪念？

针对课文的理解提出相应的思考问题，问题之间环环相扣，服务于"思辨＋思政"的单元产出：

（1）总结课文：谁通过大屠杀纪念馆要向谁讲述什么故事

（2）多角度看问题：不同群体对建立国家纪念馆的态度，如美国政府、犹太族裔、美国其他族裔等

（3）探索课文细节：40年内美国对大屠杀态度前后的转变

（4）对比反思：美国犹太社区在赤字情况下仍大力组织纪念活动的意义

（5）审视不同观点：结合文中美国自称是"人权救世主"的观点，评价分析美国对于印第安血泪史的轻描淡写、"黑命贵""仇恨亚裔"等现象

最后聚焦产出，如"南京大屠杀遇难同胞纪念馆建立的意义"，引导学生结合输入促成阶段的思辨练习，全面、辩证地分析课内外案例，通过辩论或汇报交流探讨，系统地总结强化观点；同时，拟定评价要素，引导学生互评和补充，形成学习日志、学习档案，提升学生的参与度，加深对相关主题的理解认识，让思政内容入脑入心。

5. 结语

本文探索了"思辨＋思政"的融合式教学策略，即在深入分析教学资源的前提下，挖掘其中兼具思辨性和思政性的元素，采用思辨教学工具，通过情景设置、任务产出、提问、研讨、评价等，实现思政教育目标。教师应积极参与相关师训，博闻强识，注重教学反思，以学习为中心，营造开放、活跃、积极的探究式学习氛围，真正做好思辨能力培养及思政教育。

参考文献

[1] 孙有中. 思辨英语教学原则[J]. 外语教学与研究，2019（6）：825-837.

[2] 王颖萍. 国内大学英语关于思辨能力培养的20年研究综述（1998-2017）[J]. 海外英语，2017（21）：94-95.

[3] 文秋芳，王建卿. 构建我国外语类大学生思辨能力量具的理论框架[J]. 外语界，2009（01）：37-43.

[4] 易佳. 基于"课程思政"大学英语教育教学实践体系探讨——评《大学英语课程思政教学指南》[J]. 热带作物学报，2021（07）：91.

[5] 赵星星. 高校英语教师思辨能力存在的问题及应对策略[J]. 科教导刊，2019（11）：74-75.

以"为战育人"为导向的大学英语课程思政建设路径研究

林　蓉　游红玉

（空军工程大学，陕西西安，710051）

摘要： 在"课程思政"背景下，大学英语教学必须坚持"为战育人"导向，积极融入课程思政。本文旨在探讨在课程教学计划中增加思政内容和目标、建设具有"课程思政能力"的师资队伍和教学资源库、深挖教材中的思政元素、打造"课程思政"教学设计以及多元评价体系五个建设路径来进行"课程思政"。

关键词： 为战育人；大学英语；课程思政；建设路径

1. 大学英语开展课程思政的必要性

2016年，习近平总书记在全国高校思想政治工作会议上强调，高校要坚持把立德树人作为中心环节，把思想政治工作贯穿教育教学全过程，实现全程育人、全方位育人，努力开创我国高等教育事业发展新局面。2017年12月，教育部提出要将"课程思政"融入教育教学各环节。2020年教育部《高等学校课程思政建设指导纲要》明确指出，落实立德树人根本任务，必须将价值塑造、能力培养和知识传授三者融为一体，不可割裂。而大学英语作为一门公共基础必修课，教员应深挖其思政元素，引导学员树立正确的价值观，凸显军校育人特色。

2. 坚持"为战育人"的必要性

习主席在2013年指出，部队建设"要扭住能打仗、打胜仗这个强军之要，……按照打仗的要求搞建设、抓准备，确保部队召之即来、来之能战、战之必胜。"同年11月，习主席再次强调要深入贯彻落实党在新形势下的强军目标，全面提高教学科研水平和人才培养质量，……为实现中国梦、强军梦提供强有力的人才和科技支持。因此，军队院校坚持以"为战育人"为导向，强调实战化教学，不仅是应对当今信息化战争和加快转变战斗力生成模式的必然举措，也是确保人才培养质量的必然选择，更是实现强军目标的筑基工程（舒本耀，2014）。

3. 以"为战育人"为导向的大学英语课程思政建设路径

3.1 修订大学英语课程教学计划，增加思政内容和目标

目前使用的大学英语课程教学计划对思政内容较少涉及，更没有关于思政教学具体的目标和评价方式。而根据《高等学校课程思政建设指导纲要》和部队信息化建设和转变战斗力模式对人才培养提出的要求，军校大学英语也必须按照"为战育人"的理念厘清教学标准，在人才培养上要强化学员"听党话、跟党走"的军魂教育，强调服务战场、服务战争、为打赢育人才的人才培养理念（郭学东、黄秋爽，2016）。为此，有必要对课程教学计划适当修订。

在教学内容上，可以增加主题相关的中国传统文化、社会主义核心价值观等思政内容和德育内容，也可以通过深挖主题，补充我党我军在建设和发展过程中涌现的先进人物和事迹。在评价方式上，增加形成性评价比例，注重学员思想和态度的转变，更加关注学员的军人职业意识培养和思想道德修养提升。

3.2 建设具有"课程思政能力"的师资队伍

育人先育己，大学英语教员是大学英语课程思政的主要实施者，也是"课程思政"能够达到预期成效的关键（邱伟光，2017）。军校教员只有坚持"教为战、研为战、学为战"理念和课程思政意识，并且具备课程思政能力，才能更好地在教学中融入课程思政内容，对学员进行价值引领。

3.2.1 加强教员课程思政理念

首先，要转变理念，认识到开展课程思政的必要性，还应当认清军校在加速部队战斗力建设、实现强军梦方面的重要作用，牢固树立"教为战"理念。其次，教员还应探讨课程思政落地的方式方法以及思政融入的艺术性和严谨性。

3.2.2 提升教员课程思政能力

教员首先要加深理论学习，提升思想政治素养，提高政治意识和觉悟。其次，需要了解部队实际，了解所带学员专业岗位素质能力要求，明确新形势下信息化建设和加快转变战斗力生成模式对人才的要求，提高自己"服务战争"的能力。

3.2.3 促进教员开展课程思政研究

院校可以通过专家讲座、学科组研讨、外出学习、示范观摩等方式提升教员课程思政素养。此外，多种方式积极推动课程思政团队的建设，以团队建设帮促个人发

展。再次，院校可以定期举办课程思政相关活动，多举措促进教员积极主动开展课程思政研究。

3.3 建设英语"课程思政"教学资源库

英语"课程思政"教学资源库可以帮助教员更好地将课程思政内容融入大学英语教学中，从而推进英语课程育人目标的达成。

3.3.1 习近平新时代中国特色社会主义思想

收集并分类整理习近平新时代中国特色社会主义思想双语材料，如"新时代中国共产党的初心和使命""中国特色强军之路"等，在课上或课后通过各种活动融入日常英语学习，增强学员的"四个自信"。

3.3.2 中国传统文化

中国传统文化是中华民族的精神基因，也是开展课程思政教育的重要素材。在深入理解教材的基础上，可以深挖单元所蕴含的传统文化因素，如孔子与儒家思想、二十四节气、饮食文化等，并通过精心设计的教学环节，使之融入教学内容。此外，可以因地制宜，学习当地优秀传统文化，使学员切身感受传统文化的魅力，引导学员传承传统文化。

3.3.3 热点与国家实事

在实际课堂教学中，可以选取一些时事热点补充到教学中，如中国维和任务、"金头盔"比武竞赛、中国航天员入住"中国空间站"等。通过时事热点的讨论，不仅强化学员的语言运用能力，还能引导学员关注国家军队大事，增强社会责任感和使命感。

3.4 建设融入"课程思政"的教学设计

要使课程思政内容更好地融入大学英语教学，避免"为思政而思政"的尴尬局面，精心的教学设计是必不可少的。在教学设计时，教员首先需要深入挖掘单元所蕴含的思政元素并从中挑选一至两点，确定情感和价值观目标。其次，精心设计教学活动，使思政元素自然融入教学，不喧宾夺主，不过多占用教材教学时间，在学习语言知识的同时逐步达成思政目标。

3.5 建设"课程思政"多元评价体系

评价体系如果只注重语言知识和技能的考核，很可能导致学员忽视思想道德方面的修养，因此，要建立多元化的评价体系。

3.5.1 评价内容多元化

尽管课程思政教学是一种"隐形教学"，其成效很难用客观考核加以评价，但是成功的课程思政教学必然会引导学员树立积极正确的三观以及高度的专业自信和自豪感（杜震宇等，2020）。因此，对课程思政的评价应当以对涉及学生成长各个方面内容的"隐性评价"为主，通过学员的课堂汇报、课堂讨论、平时作业提交、题目论述、课下交流等方面来了解学员的价值观和道德情操表现等。

3.5.2 评价主体多元化

课程思政的评价要遵循全面评价的原则，对学员的评价，不仅来自教员课上的观察和作业的评分，还包括学员自评和同伴互评，这样才能够全面评价学员在思想道德方面的变化，对国家社会军队发展的关注度和认同感，对学习的态度和努力程度等。

3.5.3 评价方式多元化

对课程思政的评价不同于对语言知识和技能的评价，不能对形式和内容做生硬的限制和规定，应当采取多种方式进行，如时效观察、心得撰写、问卷调查等多元化的评价方式，从而了解课程思政教学的实际育人效果。

4. 结语

以"为战育人"为导向的大学英语课程思政建设是新时期建设具有我军特色的世界一流大学的必然要求，为实现中国梦、强军梦，军校英语教学必须围绕"教为战、学为战"展开，在课程思政各环节不断完善和提高，为强军强国提供有力的人才支持。

参考文献

[1] 曹智，李宣良.牢牢把握党在新形势下的强军目标 努力建设一支听党指挥能打胜仗作风优良的人民军队 [N].人民日报，2013（3）：12.

[2] 杜震宇，张美玲，乔芳.理工科课程思政课的教学评价原则、标准与操作策略 [J].思想理论教育，2020（7）：70-74.

[3] 郭学东，黄秋爽.军队院校实战化教学改革的最新发展与思考 [J].军事交通学院学报，2016（11）：68-72.

[4] 邱伟光.课程思政的价值意蕴与生成路径 [J].思想理论教育，2017(7)：10-14.

[5] 舒本耀.论教为战[J].装备学院学报，2014（1）: 24-27.

[6] 王士彬，王握文.习近平视察国防科学技术大学[OL]. http://news.sohu.com/20131106/n389689561.html.（2021年9月17日读取）.

[7] 中华人民共和国教育部.教育部关于引发《高等学校课程思政建设指导纲要》的通知[OL]. http://www.moe.gov.cn/srcsite/A08/s7056/202006/t20200603_462437.html.（2021年10月7日读取）.

军校大学英语课程思政内涵与实施策略

李清霞　潘　迪

（空军工程大学，陕西西安，710051）

摘要： 推进大学英语课程思政，在大学英语教学中实现立德树人、为战育人，是新时期培养德才兼备新型军事人才的必然要求。分析探讨大学英语课程思政的价值和内涵，从教学目标设定、教学内容整合、教学模式选择、教学评价实施等方面探索军校大学英语课程思政的实施策略。

关键词： 军校；大学英语；课程思政；实施策略

2016年3月，习近平主席在全国高校思想政治工作会议上发出"三全"育人号召，为高校立德树人提出了要求，为实施课程思政提供了依据。军队院校的课程思政具有特殊的内涵和价值。分析军校大学英语课程思政的价值和内涵是开展课程思政实践的基础，探索军校大学英语课程思政的实施策略有助于课程思政实践的顺利开展。

1. 军校大学英语课程思政价值意义

1.1 是立德树人、培养德才兼备军事人才的必然要求

新时代军事教育方针指出，要"坚持党对军队的绝对领导，为强国兴军服务，立德树人，为战育人，培养德才兼备的高素质、专业化新型军事人才"。（国防部，2023）在大学英语课程中实施课程思政是贯彻"立德树人、为战育人"的必然要求。将思政教育融入大英课程教学，实现价值引领、技能提高和能力提升共同推进，有利于德才兼备的新型军事人才的培养。

1.2 是拓展视野、提高学员文化鉴赏力的重要手段

语言是文化的载体。大英课程不仅是一门语言课程，更是一门文化课程。挖掘教材中的思政元素，补充融入中国文化，透过语言现象分析其映射的不同价值观，引导学员对多元文化进行比较对比，不仅能有效拓展学员视野，提升其语言能力和综合素养，更有利于激发学员对母语文化的自信和热爱，提升其文化鉴赏力。

1.3 是启发思维、提升学员批判式思维能力的有效方法

批判性思维能力是学员创新能力发展的基础。大学英语课程是拓展学员思维，提升其批判性思维能力的有效手段。引导学员对文章内容进行探究式阅读，对相关中西方文化、价值观进行比较对比，增强学员的探究、质疑、分析能力，能有效拓展学员思维，增强其在未来任职中发现问题和解决问题的能力。

2. 军校大学英语课程思政内涵探索

《高等学校课程思政建设指导纲要》指出，"全面推进课程思政建设，就是要寓价值观引导于知识传授和能力培养之中，帮助学生塑造正确的世界观、人生观、价值观。"（教育部，2021）"大学英语课程思政"即挖掘利用与教学内容相关的思政教育，融思政教育于语言教学过程，实现语言教学与思政育人同向同行。大学英语工具性和人文性的双重属性决定了其课程思政的丰富内容。大学英语课程内容涉及经济、文化、社会、教育、战争等方面，便于找到合适的思政教育切入点。新时代中国特色社会主义思想、社会主义核心价值观、中华优秀传统文化教育、职业理想和职业道德教育等内容要素都能在大学英语教学中自然融入，实现语言提升与育人目标的同步推进。

军校大学英语课程思政包含特殊内涵。新时代军事教育方针指出的"立德树人、为战育人"是军校大学英语课程思政的实施依据和出发点。作为培养新型军事人才的摇篮，军队院校需要培养能够捍卫国家主权、维护国家利益、守护世界和平的新型军事人才。他们应具备较强的学习能力、思维能力和创新能力，以及较好的领导才能和团队写作能力。此外，坚守理想信念，对党忠诚、甘于奉献、不畏牺牲等职业精神也应成为新型军事人才的必备素质。这些都是大学英语课程思政的重要内容。

3. 大学英语课程思政实施策略

3.1 设定育人目标，力求实现语言技能与品德培养协同推进

明确的育人目标为课程思政教学提供指南和方向。以课程思政的设计理念为指导，考虑军人职业的特殊属性，制定有针对性的大学英语课程目标。在教学设计阶段，除了设定通用的语言知识、能力目标和育人目标，还需按照军校人才培养需求，确定符合实际需要的知识、能力和育人目标。如在知识目标方面，了解通用词汇在军事领域的常用用法；了解对象国军事发展基本情况；掌握军事语境中跨文化交际常识等。在语言能力方面，除了提高听、说、读、写、译等基本技能外，增强学员自主

学习、合作学习、辩证思维等能力，为提高学员未来岗位任职能力奠定基础；提高学员跨文化交际意识和能力，学会用英语讲好中国军队和中国军人的故事，为学员将来从事国际军事交流做好准备。在育人目标方面，通过拓展阅读、思辨阅读激发学习兴趣，拓展视野；通过中西文化对比提升中国文化认同感，培养积极向上的价值观念；提升学员作为军人的荣誉感、责任感和奉献意识等。

3.2 整合教学内容，挖掘利用符合军校特点的思政教学元素

课程思政教学内容的开发和利用是大学英语课程思政有效开展的基础。依托课程内容，从思政育人目标出发，结合新型军事人才培养要求，开发具有军校特点的思政教学元素。可从点（单词和短语）、线（句子）、面（语段）三个维度入手开发课程思政内容。如从英语词汇入手扩展军事知识、军事文化，也可从句子、语段、语篇层面引入具有军事特色、与军人职业相关的思政素材，帮助其了解中国军人职责、使命、军人价值观等，并设计讨论题目，既强化军事语言知识学习和语言技能应用，又便于引导学员形成积极、正确的人生观和价值观，增强其职业荣誉感和使命感。

3.3 采用混合式教学模式，实现育人与语言学习的全过程融合

课程思政不同于专业的思政教学，强调教学方式方法的多样灵活，既要开发恰当的育人内容，更要注重溶盐在水、润物无声的手段和方法，确保取得最佳育人效果。可借助丰富网络资源和现代化学习平台，采用混合式教学模式，在语言教学的不同阶段和环节中进行课程思政，实现育人工作的全过程化。依托现代化教育手段，可将课程思政贯穿整个课前、课中和课后三环节。课前发布单元预习任务、教学目标、课前学习资源等，学员进行课前学习，准备完成课堂任务，并列出疑难问题。课堂上教员引导学员互动导读，赏析并深度挖掘课文主题，培养学员的思辨能力，引导学员形成积极价值观念。课文学习结束时，及时进行主题拓展，提高语言表达能力的同时，强化思政育人的效果。

3.4 调整评价方式，检测知识、能力、素质等多维育人效果

评价是检验课程思政教学实践效果的直接手段。可将育人目标纳入课程评价体系，检测课程的多维育人成果。日常教学中的形成性评价是大学英语课程思政评价的有效方式。课堂教学中，观察学员参与课程学习的态度、行为和习惯养成等，对消极、不正确的表现及时进行反馈和引导，促进其向良性发展，充分发挥课程形成性

评价的积极作用。课程终结性评价中，重视检测结构性知识掌握情况，还可设计开放性题目检测学员价值取向和综合素养，如选取具有时代性、思辨性和贴近军校大学生学习生活的话题设计英语写作题目，考察语言知识掌握程度和学以致用的能力，同时考察学员习作内容所体现的思想性、观点的正确性、表达的逻辑性，或是选取中国社会、经济、文化、军事等相关内容作为阅读和翻译文本，考察学员对话题的熟悉程度、对母语文化的认同度和"讲好中国故事"的能力。

4. 结语

实现课程思政与思政课程协同推进，是贯彻新时代军事教育方针的必然选择。军校课程思政具有特殊的内涵和意义，如何充分发挥大学英语课程的学科优势，在语言教学中实现育人效果的最大化，仍需要军校英语教育者不断探索。

参考文献

[1] 国防部. 全面贯彻新时代军事教育方针 [OL]. http://www.mod.gov.cn/jmsd/2019-11/28/content_4855759.htm.（2021年6月15日读取）

[2] 教育部. 高等学校课程思政建设指导纲要 [OL]. http://www.moe.gov.cn/srcsite/A08/s7056/202006/t20200603_462437.html.（2021年6月15日读取）

课程思政体系下的军事英语教学实证研究

樊府静　邱　敏

（航天工程大学，北京，101400）

摘要：军事英语教学是军事院校培养新型军事人才的重要途径。笔者结合军事英语教学实践，尝试提出集"知识传授、能力培养、价值塑造"于一体的军事英语课程思政"一轴四面一环"教学模式，并对该模式的育人效果进行实证研究。结果表明：该教学模式对落实军事英语课程思政和培养德才兼备的高素质、专业化新型军事人才有积极作用。

关键词：军事英语教学；课程思政；"一轴四面一环"教学模式

2019年11月在全军院校长集训开班式上，习主席提出新时代军事教育方针：坚持党对军队的绝对领导，为强国兴军服务，立德树人，为战育人，培养德才兼备的高素质、专业化新型军事人才。该方针为军校教育教学工作指明了方向，彰显了铸魂育人的战略意义。

军事英语作为军校学员本科阶段的必修课程，是军事院校落实立德树人，为战育人的重要阵地。因此，加强课程思政体系下的军事英语教学，对促进英语教育、军事教育和思政教育有机融合，具有重要意义。结合教学实践，本文尝试提出军事英语课程思政"一轴四面一环"教学模式，以探索课程思政体系下军事英语教学的有效路径。

1. 构建军事英语课程思政"一轴四面一环"教学模式

1.1 "一轴四面一环"教学模式的总体内涵

军事英语课程思政"一轴四面一环"教学模式（见图1）包含育人目标、课堂设计、课堂实施、课后反馈四个方面。四个方面环环相扣，形成一个动态调整的育人闭环。同时，思政教育作为中心轴贯穿其中，支撑起整个教学模式。

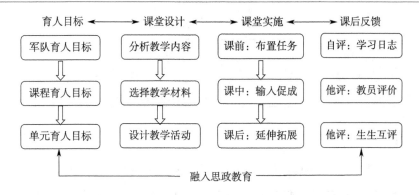

图1："一轴四面一环"教学模式

1.2 "一轴四面一环"教学模式的具体内容

1.2.1 育人目标

在"一轴四面一环"教学模式中，育人目标分为军队育人、课程育人和单元育人三个层级目标。具体而言，培养德才兼备的高素质、专业化新型军事人才是我国军事院校的育人目标。军事英语课程育人目标是培养掌握通用军事英语知识、具备跨文化军事交流能力的新型军事人才。单元目标的设计遵循《军队院校教学大纲》，其中知识目标：掌握通用军事英语知识等。技能目标：军事英语技能，跨文化军事交流能力等。价值观目标：内化当代革命军人核心价值观、"四有"新革命军人标准等。

表1："层层递进"式育人目标

层级	育人目标
军事	德才兼备的高素质、专业化新型军事人才
课程	掌握通用军事英语知识、具备跨文化军事交流能力的新型军事人才
单元	具体的知识目标、技能目标和价值观目标

1.2.2 课堂设计

课堂设计遵循"价值塑造、能力培养、知识传授"三位一体的育人理念。知识传授包含语言知识和军事知识两个方面。语言知识包括：军事英语词汇、语法结构、语篇、军事用语及语用知识。军事知识包括：中外国防政策、中外军队体制编制、军兵种知识、军事行动与作战指挥、军事科技与武器装备、联合军事演习、国际维和等内容。军事英语课程旨在培养学员的听、说、读、写、译等军事英语技能和包括中外军事文化认知能力、军事英语思维能力、对外军事交往能力等在内的跨文化军事交流能力。将价值塑造有机融入知识传授和能力培养中，力求解决英语教育、军事教育和思政教育割裂的问题。

表2："三位一体"式课堂设计

价值塑造	能力培养	知识传授
当代革命军人核心价值观、"四有"新革命军人标准	军事英语技能	语言知识
	跨文化军事交流能力	军事知识

1.2.3 课堂实施

下面以《军事英语听说教程》第五单元第二课时 Bravo：Peacekeeping then and now 为例，说明军事英语"一轴四面一环"教学模式下课堂实施的具体步骤。

课前，教员通过学习平台布置任务：同学们受邀到国防部维和事务中心培训基地为来华培训的外军人员介绍中国参与联合国维和行动的情况，请查找相关资料并做好发言准备。课中，设置环环相扣的教学任务。任务一：做匹配，熟悉维和任务核心语言点。任务二：听录音，从 when，who，where，what 四个维度了解维和任务的历史和现状。任务三：看视频，了解中国对联合国维和行动的主要贡献。任务四：共分享，先组内分享，后向全班汇报。课后，录制视频并上传至学习平台，全班同学进行互评。

表3："环环相扣"式课堂实施

教学阶段	教学活动	思政功能
课前	布置任务	唤醒思政意识
课中	输入促成	融入思政内容
课后	延伸拓展	内化思政目标

1.2.4 课后反馈

"一轴四面一环"教学模式下，教学反馈贯穿学员学习的全过程。课前，教员指导学员搜集材料的方法和内容；课中对学员的表现及时评价；课后，引导学员对标学习目标，撰写学习日志，反思自己的学习所得和不足，调整学习策略。

2. 军事英语课程思政"一轴四面一环"教学模式效果实证

笔者以自己所教两个班级的68名学员为研究对象，在一个学期的军事英语课程结束之后，进行了问卷调查和个体访谈。

2.1 问卷数据

共回收有效问卷65份，数据显示：76.9%的学员认同该教学模式能有效提高对军事英语语言知识（包括军事英语词汇、语法、语篇及语用知识）的掌握；69.2%的学员认同该教学模式能有效提高对军事知识（中外国防政策、军事科技与武器装备等）的掌握；75.4%的学员认同该教学模式能有效提高自己的军事英语技能（军事英语听、说、读、写、译）；76.9%的学员认同该教学模式能有效提高自己的跨文化军事交流能力（对外军事交往能力等）；78.5%的学员认同该教学模式能有效帮助自己内化当代革命军人核心价值观、"四有"新革命军人标准。

表4："一轴四面一环"教学模式的育人效果调查

题目／选项	1 非常不同意	2 不同意	3 一般	4 同意	5 非常同意
能有效提高我对军事英语语言知识的掌握	0	0	15	34	16
能有效提高我对军事知识的掌握	0	3	17	32	13
能有效提高我的军事英语技能	0	1	15	31	18
能有效提高我的跨文化军事交流能力	0	0	15	36	14
能有效帮助我内化当代革命军人核心价值观、"四有"新革命军人标准	0	0	14	26	25

2.2 访谈结果

为进一步研究该教学模式的育人效果，笔者从英语水平较强、英语水平较弱以及处于两者之间的中间群体中，各选两名具有代表性的同学进行了个体访谈。访谈显示，不同水平的大多数学员认为该教学模式更能调动其学习热情，觉得"军味"更足了。尤其认为，英语课上的思政味道更浓了，觉得英语课不只是学语言、练技能了，更能"触动到自己的内心"了。同时，也有学员认为课前的资料搜集和课后的学习反思占用了自己大量的课余时间，短期内又看不到明显的效果，感到有些困惑。也有水平较弱的同学，觉得英语课堂交际活动密集，心理压力有点大。

2.3 结论与启示

问卷调查数据和访谈结果显示，军事英语"一轴四面一环"的教学模式有助于提高育人效果，实现课程思政。集"知识传授、能力培养、价值塑造"于一体的课堂设计，能较为有效地解决英语教育、军事教育和思政教育割裂的问题，帮助学员掌握军事英语语言知识和军事知识的同时，在一定程度上提高其军事英语技能和跨文化军事交流的意识和能力，将思政教育有机贯穿其中，帮助学员内化当代革命军人核心价值观和"四有"新革命军人标准，将"育人"和"育才"有机统一。

需要注意的是，该教学模式下教学活动的实施和教学效果的评价，都需要考虑到学员个体水平的实际差异，教学活动和学习目标的设计应层层递进，让尽可能多的学员有切实的获得感和成就感，形成正向激励。另外，"一轴四面一环"教学模式的提出，是笔者基于自身的军事英语教学实践对军事英语育人规律的探索，有其内在的局限性。对模式的探索是希望可以进入"后模式"时代，化有形的教学策略为无形的价值熏陶，实现"无为而治"。

3. 结语

当前，军事英语课程思政的教学实践已在全军院校广泛开展。深入推进军事英语课程思政，就要把握时代趋势和育人规律，结合教学实践，创新教学理念和模式；要把育人目标落到具体的单元设计和课堂设计中；要尊重学员个体差异，注意育人的契机和方式方法。真正做到因事而化、因时而进、因势而新，把军事英语课程思政落到实处、细处、深处，让军事英语教育成为有生命力的教育实践，以培养德才兼备的高素质军事人才，以更扎实的语言素养和军事素养服务部队、报效国家。

参考文献

[1] 蔡基刚. 课程思政与立德树人内涵探索——以大学英语课程为例[J]. 外语研究，2021（3）：52-57.

[2] 成矫林. 以深度教学促进外语课程思政[J]. 中国外语，2020（5）：30-36.

[3] 崔戈. "大思政"格局下外语"课程思政"建设的探索与实践[J]. 思想理论教育导刊，2019（7）：138-140.

[4] 高燕. 课程思政建设的关键问题与解决路径[J]. 中国高等教育，2017（Z3）：11-14.

[5] 胡杰辉. 外语课程思政视角下的教学设计研究[J]. 中国外语，2021（2）：53-59.

[6] 王学俭，石岩. 新时代课程思政的内涵、特点、难点及应对策略[J]. 新疆师范大学学报（哲学社会科学版），2020（2）：50-58.

[7] 文秋芳. 大学外语课程思政的内涵和实施框架[J]. 中国外语，2021（2）：47-52.

[8] 夏文红，何芳. 大学英语"课程思政"的使命担当[J]. 人民论坛，2019（30）：108-109.

[9] 肖琼，黄国文. 关于外语课程思政建设的思考[J]. 中国外语，2020（5）：10-14.

[10] 赵继伟. "课程思政"：涵义、理念、问题与对策[J]. 湖北经济学院学报，2019（2）：114-119.

军事英语听说课程思政建设路径研究

曾晶晶　陈　娇

（火箭军工程大学，陕西西安，710025）

摘要： 本文总结了课程思政在军事英语听说教学中的实践价值，提出了从创新课堂教学模式，单元目标设置，思政元素挖掘三个方面实施课程思政。挖掘单元思政元素，将中国传统军事文化、时事新闻、西方军事知识、英雄人物故事等融入课程教学，发挥课程的思政功能。

关键词： 课程思政；军事英语；路径

1. 引言

"课程思政"是新时代课程教学理念，旨在在教学中融入思想政治理论，把坚持思政课建设与党的创新理论武装同步推进，同时兼顾让习近平新时代中国特色社会主义思想走进课堂内外、走进学员心灵，把社会主义核心价值观等贯穿国民教育全过程，达到专业课程与思想政治理论课程同向同行，共同利用大学英语这个资源产生整体效应。

2. 军事英语听说课程思政的意义

大学英语教学重知识、轻人文、轻中国特色及文化的趋势在近年来已经得到一定的纠正。但是军事英语作为军队院校的一门专门英语课程，知识性、技能性强，其中课程思政的元素并未得以显性体现。这就需要英语教师在教学过程中充分挖掘教材的思政元素，将思想政治教育自然融入教学内容。该举措对于学员建立文化自信，牢固树立社会主义核心价值观和当代革命军人核心价值观具有重要意义。

2.1 提高学员综合素养

思政教育帮助学员树立正确的思想价值观，实现"专业教学"和"思政教育"融合。课程思政重视学科思想性、教育性，发挥学科育人功能。同时对于他国文化的介绍也能帮助学员逐步形成跨文化意识，这对于学员未来职业发展，遂行涉外军事任务将能打下良好基础。

2.2 丰富课程教学内容

军事英语听说课程编排按照任务牵引、技能训练的教学理念设计听力练习和口语活动。在技能训练的基础上加入课程思政内核，引入大量时政素材，丰富课程教学内容。学员能够在获得军事英语语言知识之外，获得思想熏陶、政治教育和情感引导。

2.3 增强课程协同效应

军事英语听说课程与其他课程同向开展课程思政工作时，还可以形成良好的协同育人效应。军事英语与军队院校其他公共课、专业基础课、专业实践课协同开展课程思政工作，可从不同角度培养熏陶学员。语言本身则涉及价值观念、人与自然、大学教育等多元主体，可以充实和补充其他课程的育人功能。

3. 军事英语课程思政的实践路径

《高等学校课程思政建设指导纲要》（2020版）明确指出，"落实立德树人根本任务，必须将价值塑造、知识传授和能力培养三者融为一体、不可割裂。全面推进课程思政建设，就是要寓价值观引导于知识传授和能力培养之中，帮助学生树立正确的世界观、人生观、价值观，这是人才培养的应用之意，更是必备内容。"（张敬源、王娜，2021:33）在军事英语听说教学中需要将价值塑造、语言知识传授与语言应用能力培养有机结合。

3.1 创新课堂教学模式，多元化实践课程思政教学

在军事英语课程思政建设中，应该从篇章主题入手，深入挖掘思政内涵，在跨文化对比中进行思政解读，在讲解中融入价值导向，从文章主题和篇章赏析两个层面，采用线上+线下的方式推进课程思政建设。（杨婧，2020:28）。

整合线上线下资源，充分利用智慧教室提供的信息技术，结合FiF口语训练系统，保证学习活动顺利开展。以项目式教学法为课堂活动设计指导思想，以教师为主导、学员为主体、项目为载体、任务为驱动、以职业能力培养为目标，以社会需求为背景整合口语训练任务。

其次，引入智慧教学环境下的"对分课堂"创新教学模式。在对分式课堂中教师只需要把握精要，在讲授环节提纲挈领，精讲留白，在讨论环节适时反馈，补充引导。（何丽娜、范西昆，2019:103）在智慧教室环境下，该模式将课堂时间一分为二，一半时间教师精讲，一半时间留给学员讨论与展示。

3.2 设置单元课程思政目标，以价值塑造为导向开展听说教学活动

梳理教学内容，挖掘整理单元课程思政目标。

（以本校《军事英语一》单元思政目标。）

单元主题	核心价值
Boot Camp	Discipline
Military Organization	Unity
Military Technology	Horizon
War Games	Professionalism
Peacekeeping	Devotion
Convoy	Leadership

3.3 以任务为驱动，挖掘教学内容思政元素，在技能训练中渗透思政教育

注意挖掘中国传统军事文化元素。学员课前分享中国传统军事谚语或者军事小故事。教师在课程中融入思政元素，用情感激发情感、精神感染精神、价值引领价值（杨婧，2020：31）在 War Games 一章，学员查询资料，课前分享中国古代第一份地图，锻炼资料搜集与口语表达能力，使学员领悟我国古代文化的博大精深。

1）融入时事新闻探讨

时事新闻可以激发学员对思政话题的关注，培养学员对热点问题的关注与正确认识。在维和一章中，引入我国维和行动30年白皮书分享。将课文知识与时事相联系，激发了学员学习的热情。对时事的点评又锻炼了学员批判性思维能力。

2）西方军事知识

军事科技一章，将介绍军事发明设为单元口语任务。引导学员搜集各种先进军事发明介绍，体会科技进步在军事中的体现，培养学员知己知彼的军事思维。

3）挖掘历史文化内涵英雄人物故事

在课程中搜集我国英雄人物。在近代中华民族反抗外来侵略，维护国家主权与领土完整的英雄及在社会主义建设中的英雄人物。

3.4 将价值塑造列入课后评价

在课堂评价阶段，将思想政治目标列入课堂评价指标。学员自评、互评阶段将个人成长纳入评价范围。这样，从单元目标设置、课堂目标设置、课堂听说练习，到课堂评价，价值塑造始终贯穿始终，形成教学闭环。

1）个人评价

学员个人评价在课堂结束和单元结束后分别进行。课堂评价采取口头评价的方式进行。通过问卷调查的方式开展调查，学员个人从能力获得情况、家国情怀、专业情怀、个人素质提升情况等方面对自己本节课学习情况进行评价。

2）同伴互评

技能训练活动以小组形式进行，学员进行小组成员之间互评。在互评阶段，学员互相给出小组成员评价，依然遵从知识、技能、思想三个方面的评价指标开展课堂评价。

3）教师评价

教师重点评价学员军事英语基本知识学习、语言应用能力、人格养成、专业素养、专业态度及在小组活动和课堂活动中表现出来的专业情怀、家国情怀情况等。教师的评价要详细、具体、基于具体的事实和细节。

4. 结语

军事英语听说教学中，用好军事英语课堂的主阵地，教师在教学过程中既要传授语言知识，又要传播正确的世界观、价值观与人生观。通过创新课堂教学模式、设置单元思政目标、挖掘课程思政元素，充分利用线上资源、利用新媒体、公众号、各类学习 APP 等网络资源。在实施中，要充分挖掘教材上的现有资源，从众多的语言素材上筛选出有助于学员语言能力学习和思想品德提升的内容，整合凝练德育资源，在解读知识符号的同时关注深层次的文化内涵。在实施与评价中，要结合具体教学内容引导学员开展听说练习，在润物细无声实现课程的价值塑造和育人功能。

参考文献

[1] 何丽娜，范西昆.“混合对分”模式下的高效军事英语听说课程设计[J]. 高教学刊，2019（22）: 102-104.

[2] 和伟.“课程思政”融入大学英语课程教学路径研究[J]. 中州大学学报，2019（6）: 96-100.

[3] 李洪乾，周大军.涉外军事行动语言能力模块及其建设研究[J].外语研究，2019（2）: 42-45.

[4] 杨婧.大学英语课程思政教育的实践研究[J].外语电化教学，2020（4）: 27-31.

[5] 余睿，朱晓映.课程思政语境下的外国文学教学新模态探索[J].外语教学理论与实践，（2021）: 109-104.

[6] 张敬源，王娜.基于价值塑造的外语课程思政教学任务设计[J].中国外语，2021（2）: 33-38.

课程思政融入大学英语教学的实践探索

徐文蓁

（陆军特种作战学院，广东广州，510000）

摘要： 大学英语课程集语言学习的知识教育和人文精神的品德教育为一体，是目前推行课程思政的重要阵地。本文探讨了当前军队院校课程思政现状，尝试解决教学中重知识传授，轻价值引导，思政碎片化、随意化等问题，旨在系统地将课程思政教育融入大学英语教学全过程，体现"铸魂为战""为战育人"的使命担当，确保有目的、有计划、有实效地进行思政教育。

关键词： 大学英语；课程思政；理论与实践

1. 引言

大学英语属公共工具类课程的核心必修课，也是学院《人才培养方案》中的主干课程，集语言学习的知识教育和人文精神的品德教育为一体，既着眼于英语知识的教授和学习，又强调民族、军队发展的历史价值和精神传承，是目前推行课程思政教学改革实践的重要阵地。

军队院校所培养的学员未来遂行作战任务要求高，除了需要具备卓越的思维能力和过硬的语言应用能力，还需通过课程思政铸牢军魂，提升其职业认同感和使命责任感，形成坚定从军报国、知战晓战的信念。在大学英语教学过程中加强课程思政教育，将"培养什么样的人、如何培养人、为谁培养人"摆在思政教育首位，将忠诚奉献、爱岗敬业、战斗精神及陆军、院校人才培养价值追求等课程思政教育融入大学英语教学全过程，体现"铸魂为战""为战育人"使命担当。

2. 课程思政理论依据

习近平总书记在全国高校思想政治工作会议上科学回答了高校培养什么样的人、如何培养人以及为谁培养人这一根本问题，强调了各类课程都要形成协同效应，把"立德树人"作为教育的根本任务。

2020年6月，教育部印发《高等学校课程思政建设指导纲要》，强调了全面推进课程思政建设是落实立德树人根本任务的战略举措，课程思政建设是全面提高人才培养质量的首要任务。

2020年10月发布的《大学英语教学指南》（2020版）进一步明确了大学英语课程思政的相关要求。《指南》（2020版）的大学英语"课程定位与性质"部分明确提出："大学英语教学应主动融入学校课程思政教学体系，使之在高等学校落实立德树人根本任务中发挥重要作用。""全面推进课程思政建设就是要寓价值观引导于知识传授和能力培养之中，帮助学生塑造正确的世界观、人生观、价值观，这是大学英语教育教学的应有之义，也是大学英语教育教学的必备内容。"

3. 大学英语课程思政理论与实践基础

3.1 军内外课程思政研究成果

在大学英语课程的思政建设上，军内外高校结合各自办学定位和人才培养目标展开广泛探索，譬如，湖南大学刘正光、岳曼曼的《转变理念、重构内容，落实外语课程思政》；北京联合大学夏文红、何芳的《大学英语课程思政的使命担当》，杨婧的《大学英语课程思政教育的实践研究》以及陈雪贞的《最优化理论视角下大学英语课程思政的教学实现》。

3.2 实践基础

2019年大学英语"精品课"建设过程中我们一直致力于探讨并实践将课程思政贯穿课堂教学的方法路子，大学英语课程教学计划和教学设计均将课程思政纳入教学重要环节。在两年的实践基础上初步构建以《习近平谈治国理政》"三进入"为主、以时事热点为辅的课程思政建设内容。

4. 当前存在教学问题

4.1 大学英语课程重知识传授，轻价值引导

大学英语课程涵盖大量的中西文化、历史、政治制度、意识形态等内容，这就决定了它不会是一堂纯粹的语言学习课程，特别是对于军校学员而言。很多教员，尤其是助教和新入职教员，常常会把所有关注点放在语言教授上，而忽略了语言是文化的载体，如何保证学员在学习他国语言文化的同时，树立民族自信是课程的重中之重。必须从根本上改变教员重教书轻育德现象，将思政融入课堂教学和改革的各环节、各方面。

4.2 大学英语课程思政碎片化、随意化

目前从课程整体来看，仅有部分教学内容涉及了思政元素，尚未达到全方位覆盖，并且各个思政要素之间分割开来，没有系统性规划，甚至一个单元内的思政要素都不是围绕一个核心思政点展开。思政碎片化导致的就是教员随意化思政，导致每个课堂的思政没有规范化，应用效果得不到把控。

4.3 学员对外语语言文化学习存在一定认知偏差，价值体系需要加以正确引导

鉴于语言和文化的天然联系，学员在语言习得过程中无法避免接触到大量西方文化，在教学过程中我们发现不少同学还停在"闭眼"阶段，认为学习英语就是"崇洋媚外"，就是对西方文化的认同，导致出现学习动机不足和动力不强的现象，不愿意睁开眼，认为不学习就不会受影响；还有一部分同学在学习过程中对自身身份认知不足，容易受西方意识形态影响，出现认知偏差，必须通过课程思政，树立文化自信，辩证看待文化差异，同时警惕西方意识形态渗透。

4.4 部分教员不知思政，不知怎么思政

部分教员还停留在闭门造车阶段，上级怎么说自己怎么做，对课程思政理念没有系统的了解，不知道到底什么是思政，如何去思政，更不用说以潜移默化的形式来思政了。

5. 建设方法

5.1 加强教员思政能力建设

学为主体，教为主导，首先得解决导的问题，根源在教员本身。以教学组为单位，建立课程思政集体教研制度，定期开展典型经验交流、现场教学观摩等活动，打磨精品示范课程，先解决规范化问题；调研走访，了解兄弟院校和地方高校实践经验，依托各大外语平台，参与课程思政教学改革相关专题研讨交流，与时俱进；通过听查课、教学研究和学员问卷调查检验教员对"育人"的核心理念的落实情况。

5.2 构建大学英语课程思政体系

构建大学英语课程思政体系，形成从思政点−单元−模块−课程的完整脉络，使思政有序可循，有材可依。依托现有教学资料，重点围绕陆军课程改造目标和"精品课"建设要求，把思政元素和军人素养融入语言课堂，立足本院特色，深度挖掘思

政元素，构建全方位、全过程、全员育人的思政体系，形成辐射带动作用，将忠诚奉献、爱岗敬业、战斗精神及陆军、院校人才培养价值追求等课程思政教育渗透大学英语教学全过程，体现"铸魂为战""为战育人"的使命担当。建设动态开放课程思政案例库，根据时政热点不断补充更新；同时让学员参与建设，了解学员所思所想，从兴趣关注入手，让思政真正融入学员思考里，而不是浮于表面，听过就忘。

5.3 打造"浸润式"大学英语课堂思政

精选思政内容，理顺思政体系，在课程教学过程中有目的、有计划、有实效地对学员进行思政教育，渗透军校学员的思政要素，润物细无声，潜移默化中培养学员的人文精神和批判性思维，引导其用辩证的眼光看待中西文化差异，学会用英语讲述中国军队、中国军人的故事，向世界传达中国声音、传递中华文明，做未来中国军队的中流砥柱、中国国家利益的捍卫者。

参考文献

[1] 陈雪贞. 最优化理论视角下大学英语课程思政的教学实现[J]. 中国大学教学, 2019（10）: 45-48.

[2] 教育部. 高等学校课程思政建设指导纲要[Z]. 北京：教育部, 2020.

[3] 教育部高等大学外语教学指导委员会. 大学英语教学指南（2020版）[S]. 2020.

[4] 刘正光，岳曼曼. 转变理念、重构内容，落实外语课程思政[J]. 外国语, 2020（5）: 21-29.

[5] 习近平在全国高校思想政治工作会议上强调：把思想政治工作贯穿教育教学全过程开创我国高等教育事业发展新局面[N]. 人民日报, 2016-12-09（1）.

[6] 夏文红，何芳. 大学英语"课程思政"的使命担当[J]. 人民论坛, 2019（30）: 108-109.

[7] 徐晓娟，陈莉. 海军飞行学员大学英语"课程思政"路径研究[J]. 高教学刊, 2021（3）: 169-172.

[8] 杨婧. 大学英语课程思政教育的实践研究[J]. 外语电化教学, 2020（4）: 27-31.

[9] 张正，张勤. 士官实用英语课程教学的思政融入方式探索[J]. 空军预警学院学报, 2021（1）: 72-75.

大学英语思政路径之着力塑造学员高尚的职业道德

崔娟娟　聂爱民　王平平

（海军航空大学，山东烟台，264001）

摘要： 从军人职业道德内涵入手，分析大学英语教学在学员职业道德培养上的优势，即对学员未来职业技能的保障作用，对其职业认同的有益拓展及对职业道德的有效提升，提出了发挥课堂教学的渠道作用、为人师表的榜样作用等方法，指出大学英语课因较长课时、较强的工具性、人文性等特征，承载着对学员职业道德塑造所起的必需渗透作用。

关键词： 大学英语；军校学员；职业道德；必要渗透

1. 引言

2019年习主席在全军院校长集训开班式上指出的新时代军事教育方针，强调"立德树人，为战育人，培养德才兼备的高素质、专业化新型军事人才"。军校学员除了需具备坚定的理想信念、扎实的专业知识、健康的身心素质外，还需熟练使用外语，能够执行多样化军事任务，具备高尚的职业道德，维护国家形象和权益。大学英语不仅是语言基础课，也是学员拓宽知识、了解世界文化的素质教育课，兼有工具性和人文性。本课程在培养学员语言实际应用能力的同时，利用较长的课时，借助其人文性来培养学员的职业道德情操。教学实践中，科学巧妙地挖掘思政元素，培养现代化军事人才，践行立德树人的根本，做到融入不突兀，润物细无声。

2. 军人职业道德的内涵

职业道德通常指从事一定职业的人员在职业活动中应遵循的行为规范的综合，其基本要求包括向社会负责、爱岗敬业、诚实守信、办事公道等。军人是个特殊的职业，肩负着神圣的职责。党的十九大报告指出要"培养有灵魂、有本事、有血性、有品德的新时代革命军人"，有灵魂就是要信念坚定、听党指挥；有本事就是要素质过硬、能打胜仗；有血性就是要英勇顽强、不怕牺牲；有品德就是要情趣高尚、品行端正。可见培养学员的军人职业道德就要从培养对党忠诚、无私奉献、听从指挥、技能娴熟、不怕牺牲等方面，在授课过程中通过多种途径传递给学员。

3. 大学英语教学在塑造职业道德方面的优势

大学英语教学与塑造职业道德不是特别增加的一项活动，而是一种教育教学理念，是一种课程观（邹舒群、杨芳，2019）。课程中所传授的知识本身就承载着培养学员世界观、人生观、价值观的重要作用，通过知识的学习，传递使命担当意识、责任意识、职业荣誉感、行为处事的正义感。在工具层面上，大学英语教学是学员未来职业技能的有力保障；在职业道德塑造层面，是学员职业认同有益拓展的大好时机；在职业认知层面上，将会有效提升他们看待问题、处理问题的深度和广度。

3.1 大学英语教学是学员职业技能的有力保障

随着全球化的发展，国际间、军兵种间交往日益频繁，外事军事任务逐渐增多，英语的使用能力已是学员的必备技能之一。大学英语的教学目标是要求学员掌握通用英语和军事英语的基本知识，培养英语的应用能力，培养跨文化交流、批判性思维和自主学习能力，拓宽国际视野，适应职业发展和对外军事交往需要。因此培养德才兼备，能说出一口流利英语的学员，是必要且重要的。

3.2 大学英语教学对学员职业认同的有益拓展

职业道德是个人职业规划的重要组成部分。具有良好职业道德素养，爱岗敬业，具有合作精神、奉献意识，自觉遵守职业道德规范的军官，更容易营造良好的人际氛围，更容易获得组织的认同和支持，组织也有理由相信他们能够做出更大的贡献（陈争志、刘征斌，2013）。教员根据课文内容引发学员思考问题，让学员在课堂中看到未来职业生涯更广阔的空间。大学阶段是道德塑造的关键时期，大学英语教学要恰当利用学员的职业成长敏感期，为其职业生涯的发展储备所需的技能，形成高尚的职业道德情操，提高职业认同感。

3.3 大学英语教学对学员职业道德的有效提升

从事军事职业要求学员必须具有牺牲和奉献精神，承担高尚的责任，甘愿为国家、军队和人民的生命安全贡献一切。学员只有具备了较高的职业道德素养，才会真正具备高度的责任心和事业心，才会忠于职守，尽职尽责，其潜在的品德、知识和能力才能充分展示出来。大学英语因其很强的人文性，充分体现了现实性、教育性、感染性，可以净化心灵，陶冶性情，健全人格，引起学员强烈的思想、情感共鸣，给他们以潜移默化的影响，提高学员的思想品位和人格修养（张巨武，2017）。授课过程中根据课文内容让学员领会军事职业的真正内涵，提升他们对职业道德的深刻认识。

4. 职业道德塑造在教学过程中的实施方法

大学英语的每一篇课文都在以某种途径传递着职业道德方面的讯息，教员通过认真解读课文内容，挖掘课文潜在的相关信息，发挥课本内容在职业道德素质方面所起的积极作用。

4.1 发挥课堂教学的渠道作用

教员有意识地引导学员思考有关高尚职业道德的表现，把当代军人的核心价值观和职业道德融入课程教学中，实现思想价值教育与知识体系教育的有机统一。教学过程需理论联系实际，在课堂教学上以教员指导为牵引，以学员主体，体现教和学的基本规律。根据教学内容，加入有中国特色的、有关我军建设和发展以及参与国际军事合作的内容，帮助学员在了解英美国家文化、习俗、规范的同时，加深对我国、我军相应行动行为的了解，激发学员通过讨论获得更多的信息，充分发挥课堂在引导学员思考方面的渠道作用。

4.2 教员转变教学理念，让课堂活动变得有温度

教员要充分了解学情，做到"有的放矢"。在教学理念上要以学习者为中心，以注重语言运用和学员参与为原则，充分考虑学员的未来职业需求，突出语言知识与工作实践的结合，让学员感受到大学英语课堂不仅是知识传递的场所，也是情感交流的平台，更是逐渐培养学员职业道德素质的阶梯。教员还需不断学习和汲取现代教育方式的创新理念，跟上网络时代的教学手段，采用灵活的教学方式，引导学员主动参与和反思领悟，培养合作精神，激发学员对价值理念的思考，进而帮助其树立正确的职业道德观，增加情感体验。

4.3 发挥为人师表的榜样作用

要培养职业素质高的军事接班人，教员的引领和指导作用十分关键，教师具备引人以大道、启人以大智的能力（杨守金、夏家春，2019）。大学英语课程蕴含着丰富

的职业道德素养方面待开发的资源，这就要求教员认真研读人才培养方案，深入挖掘潜在的能启发到学员的思政元素。在传道、授业、解惑的过程中，发挥有利于塑造职业道德方向的教育功能，身先士卒，用高尚的职业道德情操先根植于教员心中，然后才能感染学员，引起学员的共鸣。

5. 总结

习主席在全军院校长集训开班式上强调：要全面贯彻新时代军事教育方针，全面实施人才强军战略，全面深化军事院校改革创新，把培养人才摆在更加突出的位置。大学英语课程因其天然的工具性、人文性以及对外交往中的重要性，贯穿了学员大学本科阶段学习的始终，对其职业道德塑造意义深远。通过本课程的学习，培养学员英语语言使用能力，口语交流能力，养成军事思维习惯，以便在未来国际军事交流活动中能应对自如。以大学英语课程为载体，教员从意识和行动上身先士卒，不断挖掘教材信息中传递的良好的职业道德素养，隐性地感染学员，在知识不断渗透的过程中，将坚定不移的政治信念、无私奉献的战斗精神、德才兼备的高尚品德等根植于学员内心，传承中国军人高尚的职业道德文化，做习主席指示下的新型军事人才。

参考文献

[1] 陈争志，刘征斌. 论军官职业道德培育 [J]. 西安政治学院学报，2013（2）: 59.

[2] 邬舒群，杨芳. 大学英语"课程思政"问题探究 [J]. 吉林广播电视大教学研究学学报，2019（9）: 84.

[3] 杨守金，夏家春. "思政课程"建设的几个关键问题 [J]. 思想政治教育研究，2019（10）: 101.

[4] 张巨武. 论大学英语教学中的思想道德教育 [J]. 新丝路，2017（10）: 107-108.

"线上线下"混合教学模式下军事英语课程思政实施方略研究

——以《军事英语听说教程》为例

李　静　赵丛丛　王　磊

（海军航空大学，山东烟台，264000）

摘要：进入后疫情时代，如何将"线上线下"两种教学模式有机融合是教育工作者力争达到的教学目标。同时各高校还面临一个新的历史使命——课程思政。军事院校将课程思政理念根植于学科教学更是责任重大。本文将以《军事英语听说教程》为例，研究"线上线下"混合教学模式下有效开展课程思政的实施方略，力图实现军事英语学习与思想政治教育同向同行。

关键词："线上线下"混合教学模式；课程思政；军事英语听说

1. 引言

习近平总书记在全国高校思想政治工作大会上指出："高校思想政治工作关系高校培养什么样的人、如何培养人以及为谁培养人这个根本问题。要坚持把立德树人作为中心环节，把思想政治工作贯穿教育教学全过程，实现全程育人、全方位育人，努力开创我国高等教育事业发展新局面。"课程思政是一种综合教育理念，其主要使命是将思想政治教育元素（思想政治教育的理论知识、价值理念以及精神追求等）融入各门课程中去，潜移默化地对学员的思想意识、行为举止产生影响（孔标，2020）。军事英语听说课程作为大学英语课程模块的第四部分，以军事专业英语知识为主要内容，以培养军事英语综合应用能力为目标，兼具工具性和人文性特征。传统的线下教学模式在实施课程思政的过程中形式单一，很难激发学员的学习兴趣，学员的参与感和获得感无法得到满足，因此"立德树人"的教育目标难以达成。"线上线下"混合教学模式无疑给课程思政的实施提供了更为广阔的空间。

2. "线上线下"混合教学模式在课程思政实施中的优势

后疫情时代，"线上线下"混合教学模式已成为军校教育的必然选择。线下教学中，教员挖掘思政元素，引导学员就教材中所涉及的思政点进行探讨交流；线上通过推送丰富优质的思政资源实现思政目标。"线上线下"混合教学模式在课程思政实施过程中有以下三大优势：

2.1 优化教学资源

"线上线下"混合教学模式可保证与课程思政相关的教学资源的优质性。通过线上教学平台，教员可在课前、课后上传相关思政教学资源供学员观看学习。线上教学具有投票、讨论等互动功能，教员可通过线上交流平台快速有效地了解学员的看法，掌握学员的学习情况，线下授课过程中有针对性地进行引导评析，充分发挥课程思政的育人作用。

2.2 增强学员的自主学习意识

"线上线下"混合教学模式对学员的学习主动性提出了高要求。因线上教学不受时间空间的局限，没有教员的面对面监督，学员需要有很强的自主性。为了达到线上教学的预期目标，学员必须培养自己的自主学习意识，课下合理安排学习时间、保证学习进度，通过对线上思政资源的学习和交流互动不断增强自身的自主学习意识。

2.3 提升课程思政的学习成效

一方面，通过线上推送的学习资源，学员可以根据自己的情况灵活安排学习的时间和时长，对于不甚理解或感兴趣的学习资源可通过线上教学平台反复观看，并且有充足的时间记笔记；另一方面，通过线上互动平台可增进师生之间、生生之间的交流，改善了传统线下教学过程中互动交流不足的窘境，进而提高了课程授课质量、提升了课程思政的学习成效。

3. 课程思政在"线上线下"混合教学模式下的实施方略

教学模式是指在一定教学思想或教学理论指导下建立起来的较为稳定的教学活动结构框架和活动程序（陈红美，2018）。"线上线下"混合教学模式已成为时代的必然选择。基于"线上线下"混合教学模式，笔者将从课前引入、课中融入、课后拓展三个阶段开展军事英语课程思政。

课前，根据教材每单元的学习任务、思政要点，选择针对性强的思政资源引入单元主题。通过网络教学平台推送分享包括文本、音频、视频、讲义、微课等多种形式的线上学习资源供学员自主学习。此外，引导学员开展小组合作学习，发挥团队的积极作用，提升个体的学习动力和能力，达到提升思政教育的效果。

课中，通过精心设计教学环节、组织教学活动，使课程思政有效地融入军事英语课堂教学中。笔者将军事英语课程思政课堂教学大致分为三个环节：展示、讨论及总结。展示是高效课堂最重要的环节之一，它可以为学员提供发表、呈现、演讲的舞台，调动学员的积极性，增强学员的自信心。教员基于单元内容提炼相关思政话题，引导学员进行深入讨论。在讨论的过程中，教员应把自己放在跟学员平等对话的位置上，积极参与到学员的讨论中，并对学员的讨论及时加以点拨，让学员在师生平等的讨论中深化理解思政内涵（杨庆云，2008）。教员根据学员讨论的观点进行梳理、总结、讲评，进而促成学员形成系统的价值观体系，真正实现课程思政与知识学习有机融合。

课后，根据课中的学习内容和学习情况，借助互联网学习平台，教员合理设置课后任务，进一步巩固和升华学员对思政内容的理解和认知。教员可将课后任务设置为一些包含所学单元思政元素的小组活动，通过生生之间的交流讨论进一步巩固、深化并拓展相关思政内容，全方位提升学员自身的思想政治素养。

4. "线上线下"混合教学模式下课程思政的实施案例

为方便论述，笔者将以《军事英语听说教程》（修订版）第三单元《军事科技》为例，具体阐述在实际教学过程中如何通过线上线下两个教学平台合理有机融入课程思政。下面就从课前引入、课中融入、课后拓展三个教学环节翔实论述开展课程思政的具体步骤和方法。

4.1 课前引入

首先，在网络学习平台上传习主席在中国科学院第十九次院士大会上重要讲话的中英双语讲稿，要求学员学习讨论习主席提出的"科技立则民族立，科技强则国家强"的精神。其次，上传习主席在庆祝中国共产党成立一百周年大会的视频片段，学员重点学习习主席提出的"科技强军"思想和"推进科技自立自强"的主张。通过学员之间的交流互动，使学员能够树立科技强国和大国重器不可缺的意识，响应习主席的号召，以实现军队的强大、民族的复兴为己任，以强烈的使命意识现身祖国国防建设。

4.2 课中融入

第三单元共有六个模块，每个模块都围绕"军事科技"这一主题设置展开。在线下实体课堂上，思政元素的融入将从以下三个环节入手：1. 展示环节。课前学员通过线上学习平台交流讨论了习主席提出的"科技兴国、科技强军"的重要思想。课中每个学习小组选派一位代表分享该组对习主席"科技兴国、科技强军"思想的理解以及作为一名军校学员所担负的职责使命。2. 讨论环节。课上观看一段武器装备系列纪录片，然后要求学员以小组讨论的形式探讨武器装备演变背后的推动力以及武器装备的进化发展与战争和平之间的关系。3. 总结环节。讨论结束后，教员将学员所陈述的观点想法进行梳理总结，进一步使学员认识到科技创新是实现强军目标的必然选择，鼓励学员奋发图强、学好本领，立志成为国防科技创新的中坚力量。

4.3 课后拓展

《军事英语听说教程》第三单元主要介绍了英美国家武器装备的演变发展历史及其代表武器的性能作用。课后，通过互联网学习平台上传《新中国兵器档案》和《尖刀上的舞者》视频。借助观看以上两个视频学习资料，学员能够更加深入了解中国武器装备的发展，牢固树立科学技术是核心战斗力的思想；此外，肩负历史使命，力争在科技强军的大潮中勇当先锋、敢挑重担，早日成长为国防科技创新事业的中坚力量。

5. 结语

课堂实践证明，笔者运用"线上线下"混合教学模式能有效促进军事英语语言知识技能的传授与思想政治教育的有机融合，实现两者的同向同行。一方面，在教学过程中融入思想政治教育能够增强学习的趣味性，提高自主学习的能动性，从而促进学员对军事英语语言知识的吸收和掌握；另一方面，在军事英语教学中融入思想政治教育，能够对思政课程中内容枯燥、形式单一的思政教育起到一定的补充作用，提升思想政治教育的实效性。

参考文献

[1] 陈红美. 大学英语"课程思政"教学模式探索与实践[J]. 智库时代，2018（51）：17-19.

[2] 孔标."大思政"格局下大学英语"课程思政"的落实研究[J]. 长春师范大学学报，2020（3）：179-182.

[3] 沈轶. 课程思政融入高校《大学英语》课程有效途径探究[J]. 教育文化，2019（4）：121-122.

[4] 王学俭，石岩.新时代课程思政的内涵、特点、难点以及应对策略[J].新疆师范大学学报，2019（11）：50-58.

[5] 习近平.在庆祝中国共产党95周年大会上的讲话[M].北京：人民出版社，2016.

[6] 杨庆云.大学英语自主学习与合作学习中师生关系的重新定位[J].读与写（教育教学刊），2008（11）：62-64.

[7] 张玉青，屈宇清.基于混合式教学的大学英语"课程思政"教学模式探究[J].海外英语，2020（2）：174-175.

基金项目： 海军航空大学2020年"思政课程"与"课程思政"专项教学研究课题"基于综合文化素养培育的大学英语课程教学模式的探索（2020课程思政13）"。

军事外语教学方法模式

军事医学英语"学、创、战、融"人才培养模式的构建与实践研究

周玉梅　王庆怡　姜冬蕾　樊家勇　刘　侃

（空军军医大学，陕西西安，710032）

摘要：军事医学英语素质是军医大学人才培养体系的重要组成部分，我校构建并实践的"以学员自主学习能力培养为中心、以创新能力发展为主线、以军队岗位任职需求为目标、以信息技术与课程深度融合为牵引"的军事医学英语"学、创、战、融"人才培养模式，有效提高了学员的自主学习能力、创新思维能力、军医岗位胜任力和信息整合能力。

关键词：军事医学英语；"学、创、战、融"人才培养模式；课程整合；岗位胜任力

1. 引言

军事医学英语素质是军医学员未来遂行海外军事卫勤保障任务和开展国际军事医学交流的基本要求，因而军事医学英语课程是军医大学人才培养体系的重要组成部分，提高军医学员的军事医学英语实战能力对于培养德才兼备的高素质、专业化新型军事医学人才具有重要意义。我校连续15年给本科学员开设了军事医学英语课程，经历了从无到有、从有到强、从强到优的课程建设和发展阶段（屈亚媛、周玉梅，2016：136）。近五年来，我校构建并实践了军事医学英语"学、创、战、融"人才培养模式（图1），全面提高了学员的军事医学英语综合运用能力，促进了军事医学英语课程的生态建设与创新发展。

2. 构建军事医学英语"学、创、战、融"人才培养模式

军事医学英语"学、创、战、融"人才培养模式从教学内容、教学模式、教学方法、评价体系、教学资源等五个方面开展教学研究。

2.1 更新教学内容

编写并出版了军队首部《新军事英语：军事医学》教材，填补了军队院校军事医学英语教材的空白。近五年，基于军医岗位任职需求，以服务部队和紧贴实战为目

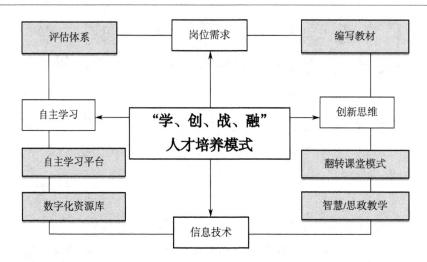

图1：军事医学英语"学、创、战、融"人才培养模式

标，编写了《军事医学英语》教材。教材内容丰富，课文改编自国外军事医学英语权威期刊、教材和论著，反映了当今军事医学领域的发展动态。教材编写突出习用语块（formulaic language）教学理念，习用语块在语言运用中具有核心作用（Buerki，2020：112），能够促进语言处理和有效交际，特别是流利性（Rafieyan，2018：65），促进即时的语言产出，有效提高了学员的"语言＋军事医学＋文化"综合素养。

2.2 构建新型教学模式

构建了军事医学英语"线上线下翻转课堂教学模式"，使学员真正成为信息加工的主体和知识意义的主动建构者；优化了教学资源的整合，使学员可以随时随地利用丰富的教学资源进行自主学习；提高了教与学的效率，使学员在良好的教学环境中得到积极的情感体验和深层次的认知体验。2020年疫情期间借助瞩目直播系统，构建了军事医学英语"直播＋移动学习平台模式"，信息教学环境覆盖教学的全过程，有效提高了学员的自主学习能力、信息整合能力和学术创新能力。

2.3 改进教学方法

开展行动实践型教学，提升军事医学英语实战能力。实践型教学突出实战任务的推演和模拟，如检伤分类方法、化学武器防护原则、海军医院船概况；通过绘制思维导图、流程图、场景设置、情节设定等方式，提高学员的军事医学英语技能水平。

开展思辨任务式教学，提升学术创新能力。思辨式教学突出军事语言文化的深度挖掘与学术输出，促进学员掌握学术英语的文体特点，提升学员对学术语言的感知力；指导学员通过反思报告和成果展示发表观点，提高学员的逻辑思维和语言产出能力。

开展网络智慧型教学，提升信息化学习能力。运用句酷批改网、FIF口语训练APP、军事医学英语自主学习平台、卫勤elite公众号等资源，混合式和泛在式教学覆盖军事医学英语课内外教学全过程，提高学员的信息获取–识别–转化–思辨–输出水平。

开展课程思政主题活动，培育爱军精武精神。指导学员开展军事医学英语微课比赛和学术英语演讲活动，将军事医学英语素质培养与思想政治教育深度融合，在教学中提升学员的爱国主义情怀以及作为军人的使命感和责任感（陈琛等，2021：145）。

2.4 建立多元指标学员考核评价体系

学员军事医学英语课程成绩由课堂活动（10%）、成果展示（20%）、网络学习（10%）、期末考试（60%）构成，注重形成性评价与终结性评价相结合。形成性评价是大学英语教学评价的重要手段，对教与学的过程进行跟踪、监督和反馈（金艳，2020：8）。该评价体系强调形成性评价在教学过程中对教学的反拨作用，突出网络测试、网络作业、网络自主学习的比重，既是教员跟踪教学过程、改进教学管理、保证教学质量的重要依据，也是学员调整学习策略、改进学习方法、提高学习效率的有效手段。

2.5 建设数字化教学资源

创建了军事医学英语自主学习平台，包括语料库、在线微课学习系统、英汉翻译系统、在线词典、音视频在线学习系统、文献查询系统等六个模块，已获得国家版权局授予的软件著作权；建设了与军事医学英语教学内容配套的资源库，围绕"战斗压力"和"空运后送"等九个军事医学主题制作了微课视频，为军事医学英语翻转课堂教学提供了条件；基于开展的学员军事医学主题英语演讲活动，制作了军事医学英语演讲视频库，提升学员的思辨能力和学术交流能力。在疫情防控教学期间，教员使用录课软件制作了录课视频，便于学员回看、重复播放和课后复习，保证了线上学习效果。

3. 军事医学英语"学、创、战、融"人才培养模式的教学效果

军事医学英语"学、创、战、融"人才培养模式的构建与实践取得了显著成效，教改成果荣获2020年空军军医大学教学成果一等奖，我校学员的军事医学英语综合运

用能力在多项军事卫勤保障活动中得到充分锻炼和检验。在2018年"亚太军事医学年会"中，我校16名学员担任军事卫生装备展览的讲解员，71名学员担任会议联络官，翻译质量及交流能力受到与会专家好评。在首届军事医学英语微课比赛中，学员踊跃参与，精心准备，中国科学院鞠躬院士亲临比赛现场，充分肯定了学员的优秀表现，对军事医学英语教学改革效果给予高度评价。

4. 结语

军事医学英语"学、创、战、融"人才培养模式满足了军医岗位任职能力的培养需求，突出了实用性、针对性、前瞻性和实践性。"学、创、战、融"人才培养模式的教学研究填补了信息技术与军事医学英语课程全要素和全方位深度融合的空白，促进了学员语言知识能力向实战应用能力的转化，有效提高了学员遂行多元化卫勤保障任务能力。

参考文献

[1] Buerki, A. How is formulaic language universal? Insights from Korean, German and English [A]. In Piirainen E et al. (eds.). *Formulaic Language and New Data: Theoretical and Methodological Implications* [C]. Berlin: Walter de Gruyter, 2020: 103-134.

[2] Rafieyan V. Knowledge of formulaic sequences as a predictor of language proficiency [J]. *International Journal of Applied Linguistics and English Literature*, 2018(2): 64-69.

[3] Wray A, Bell H, Jones K. How native and non-native speakers of English interpret unfamiliar formulaic sequences [J]. *European Journal of English Studies*, 2016(1): 47-63.

[4] 陈琛，周芬芬，胡一南. 基于课程思政的军事英语"一体两翼式"教学模式研究[J]. 继续教育研究，2021（04）: 143-147.

[5] 教育部高等学校大学外语教学指导委员会. 大学英语教学指南（2020版）[M]. 北京：高等教育出版社，2020.

[6] 金艳. 大学英语评价与测试的现状调查与改革方向[J]. 外语界，2020（05）: 2-9.

[7] 屈亚媛，周玉梅. "微时代"下的军事医学英语微课教学研究[J]. 中国医药导报，2016（16）: 134-137.

[8] 俞洪亮. 落实《大学英语教学指南》，革新教学方法与手段[J]. 外语界，2020（05）: 10-16.

基于有声思维法的军事英语翻译教学模式初探

孙　崇　赵亚莉

（空军工程大学，陕西西安，710051）

摘要：近年来，我军承担的涉外军事任务与日俱增，对军事英语翻译人才的需求尤为迫切。因此，在为战育人、服务实战的目标引领下，本研究以军校学员为研究对象，利用有声思维法收集其在翻译任务中的思维细节，探索不同翻译水平的学员在完成指定翻译任务时的技能需求，进而有的放矢地设计军事英语翻译教学内容、探索教学方法、优化教学模式，为建设世界一流军队输送高水平的翻译人才。

关键词：有声思维法；军事英语翻译；教学模式；翻译过程；翻译策略

1. 引言

军队外语能力是一种维护国家安全的能力，也是一种完成任务的能力（马晓雷、庞超伟，2019）。因此，一流军队不仅需要一流武器，一流军事才能，还需要一流的语言交际能力和区域知识（文秋芳，2018）。近年来，国内对于构建国家和军队外语能力的呼声越来越高，但笔者认为，鉴于军事任务的不确定性、复杂性以及军队人员外语基础的差异性，应从具体问题和特定群体入手，为构建普适性理论积累具体的实证经验和方法论。

"有声思维法"（Think-aloud Protocols）是心理学和认知科学研究中收集研究数据常用的方法之一，在国内外语翻译教学研究中也取得了较为喜人的成果（宋杰，2017）。本研究拟利用"有声思维法"探索不同翻译水平的学员在完成指定翻译任务时的差异，进而有的放矢地设计、开展翻译教学，以期为提升我军军事翻译能力和军队外语能力做出一定贡献。

2. 有声思维实验目标

笔者以本校非英语专业学生为研究对象，根据每次翻译任务的成绩分布挑选17名学员受试，分别作为当次有声思维实验的高分段翻译者和中低分段翻译者，对其翻译行为和思维进行对比分析，拟探索以下问题：

第一，军校非英语专业学员在翻译中经历怎样的宏观翻译步骤？

第二，学员处于高级翻译过程还是低级翻译过程？

第三，高分段翻译者和中低分段翻译者在翻译策略使用上有怎样的区别？

3. 有声思维实验过程

整个有声思维实验过程由一次问卷调查和两次翻译任务的有声思维实验组成。问卷调查涉及多个班级的全体学员，有声思维实验仅涉及提交有效录音的受试。

3.1 问卷调查

笔者在开展有声思维实验分析前利用问卷收集了约250名学员对于自身翻译水平的认识和对翻译教学的要求等信息。在243份有效问卷中，有43.16%的学员表示其翻译时间在10—20分钟之间，74.36%的学员认为翻译的最大困难在于词汇的汉英转换。在对于翻译课的期待问题上，28.63%的学员希望教员加强词汇积累的讲解，另有26.92%的学员希望教员加强语法长难句的讲解。从上述数据可以看出，学员们一方面能够意识到自身基本知识的欠缺对翻译有根本的影响，但另一方面他们对词汇的依赖依然高于对语法的重视，这是教师在教学活动中需要加以引导的一点。

3.2 有声思维实验

研究期间，笔者共组织了两次有声思维实验，第一次翻译任务为中国文化相关的汉译英文段，第二次翻译任务为军事相关的汉译英文段。教师筛选出各分数段的有效录音（录音学生数量大于实验所需受试数量），进行转写和分析，比较高分组（9分和10分）和中低分组（8分、7分和6分）受试者在翻译过程、翻译策略方面的差异。

3.2.1 翻译过程统计分析

根据郭纯洁（2015），翻译过程可分为计划、理解、分析、迁移和修改五个阶段。此结论是郭纯洁基于英语专业学生翻译有声思维实验提出，经本研究检验，这种对翻译过程的宏观描述并不符合我校学员的翻译实践现状。

从有声思维实验对于翻译过程的统计可以看出，大部分的受试仅能完成翻译活动中的核心步骤，即"理解、分析、迁移"，缺少对于翻译前计划和翻译后修改的重视。从长期发展的角度来看，"计划"和"修改"步骤是保障圆满完成翻译任务的必备步骤，因此，在第一次有声思维实验后，教师在讲评中对翻译过程进行了引导，于是在第二次有声思维实验中经历"计划"和"修改"两步骤的受试数量有所增加。

3.2.2 翻译策略统计分析

根据郭纯洁（2015）对于翻译单位的认知处理过程的描述，以及Lorscher（1996）对翻译策略的核心元素的描述，结合受试的翻译实践过程，本研究选取了14种常见翻译策略，统计分析受试者在两次有声思维实验中对策略的使用情况。

通过比较可以看出，高分组和中低分组的受试者在翻译策略选择上表现出较为显著的差异。在起初"发现问题"和"寻找办法"的环节，虽然高分受试者也会查阅工具书等资料，但相比于低分受试者对工具书的直接依赖，高分受试者更倾向于依靠现有的语言及背景知识对原文中的翻译难点先进行解构和重组，仅针对难以解决的问题求助工具书。同时，高分受试者在"原/译文重释"这一策略上普遍表现出极高的使用频率，这与另外三个策略"启动背景知识""复读原/译文"和"对比多个初选译文"呈正相关。高分受试者重释的目的是与自己现有的英语知识相匹配，以便在减少查阅工具书的情况下完成翻译任务；此外，在利用现有知识翻译原文的过程中，高分受试者一般有能力调动多种途径翻译同一句原文内容，因此他们会更积极地比较和筛选最佳翻译方案。

相比之下，中低分组受试者最大的策略使用特点体现在对工具书的依赖上，甚至已影响到其对背景知识的调动和翻译速度。此外，在与高分组的对比中可以看出，中低分受试者缺乏对原文或译文重释的能力，这一限制有可能来自受试者的英语和汉语基本能力，也有可能是因其缺乏相关的翻译策略引导而造成的。原文或译文重释能力的缺失，导致中低分受试依靠工具书查到相关词汇的译法，翻译语篇则表现出大量违背语法规律的词汇堆砌。

4. 有声思维实验结果分析

通过问卷调查、有声思维实验、翻译作业批改等活动，笔者基本完成前期制定的实验目标。针对前文提出的三个问题，研究结论如下：

第一，通过第一次有声思维实验发现我校非英语专业受试的翻译过程与郭纯洁（2015）提出的五阶段并不相符。在参与实验的17名受试中仅有6人有明确的"计划"阶段，仅1人有明确的"修改"阶段，且仅有1人完整地完成了五个翻译步骤。

第二，根据有声思维实验结果，结合不同受试的翻译情况及问卷调查结果，发现多数学员还停留在低级翻译过程，即以追求"形式对等"和"语义对等"为主。

第三，高分受试和中低分受试在14个微观翻译策略选择上存在明显差异。这一结论对教学重点的选择可产生实际帮助，教员需在后续教学中对翻译策略等相关问题进行着重引导，并在翻译教学和练习中加以夯实。

5. 结论与展望

　　上述有声思维实验及相关教学活动可说明有声思维法在军校非英语专业的翻译教学中有一定的积极作用和应用价值。由于研究周期和样本范围等因素限制，本研究结论无法证明有声思维法对于长期稳步提升军校学员翻译能力的作用。欲证明有声思维法对培养军事翻译人员的长期作用需要更多学者的实践和阐释。

参考文献

[1] Catford, J. C. *A Linguistic Theory of Translation* [M]. Oxford: Oxford University Press, 1965.

[2] Lorscher, W. A psycholinguistic analysis of translation processes [J]. *Meta: Translator's Journal*, 1996(1): 26-32.

[3] 郭纯洁. 有声思维法在外语教学中的应用[M]. 北京：外语教学与研究出版社，2015.

[4] 马晓雷，庞超伟. 军队外语能力的内涵及其规划路径——"基于能力的规划"视角[J]. 中国外语，2019（4）: 29-36.

[5] 宋杰. 国内有声思维研究的多维视角述评[J]. 江苏外语教学研究，2017（2）: 69-72.

[6] 文秋芳. 美国西点军校外语专业人才培养体系及其启示[J]. 解放军外国语学院学报，2018（6）: 1-9.

交互构念理论视角下的军事专门用途英语课程评价研究

姜冬蕾　梁少兰　马晓樾
（空军军医大学，陕西西安，710032）

摘要：本研究依据交互构念理论，综合分析能力等级量表、任务评分量表和学术演讲评分量表等五种相关量表，制定出有校本特色的军事学术英语演讲评分量表，并从阅读报告撰写、学术演讲交流、主题视频制作三个维度构建该课程形成性评价的可行模式、有效路径和实践方法，促进了军事专门用途英语课程评价研究和实践的创新发展。

关键词：交互构念理论；形成性评价；评分量表；专门用途英语

1. 引言

专门用途英语，作为应用语言学的一个重要分支，包括学术英语、专业英语和职业英语三类。相关语言研究始于20世纪五六十年代，经过几十年的发展，教学与学术体系十分完善（王立非、文道荣，2017）。专门用途英语的教学研究是当前高校英语教学与研究领域的热点话题（蔡基刚，2014；文秋芳，2014），《大学英语教学指南（2020版）》首次把专门用途英语作为大学英语教学的重要目标，充分体现了我国高校开展专门用途英语教学的迫切性和重要性。随着国防语言能力研究的深入发展（梁晓波、肖蓉、武啸剑，2020），我们对已经开设13年的我校军事专门用途英语课程的教学评价过程开展了探索研究，力图解决该课程教学评价中存在的三个主要问题：一是评价手段不够丰富；二是评价指标不够细化；三是评价反拨效果不够明显。针对上述问题，本研究依据交互构念理论，立足语言构念与交际语境的交互性，综合分析能力等级量表、任务评分量表和学术演讲评分量表等多种相关量表，从阅读报告撰写、学术演讲交流、主题视频制作三个维度构建该课程形成性评价的可行模式、有效路径和实践方法，丰富军事专门用途英语教师的形成性评价理念，提升形成性评价的促学效果，促进军事专门用途英语课程评价研究和实践的创新发展。

2. 理论基础

20世纪80年代，持有二语习得社会视角的研究者认为，语言是社会现象，存在于人们社会交际活动中，研究对象是语言的实际运用，研究焦点是学习者在真实语境中成功交际的特点（文秋芳，2008）。他们强调社会互动和语境对语言习得和运用的影响，即学习者与他人交互以及与语言使用环境交互在二语能力发展过程中的重要作用（Chapelle，1998；张琳、金艳，2016）。从语言能力和语境交互角度定义二语能力构念就构成了语言测试中的交互构念观。在交互构念理论中，语境成为测试构念的一个组成部分。考生在两种不同考试环境中的表现就可能存在差异，这种差异应当在测试构念的定义中反映出来。本研究的课程评价体系和量表的设计都对语境因素进行了考量。

3. 研究方法

本研究基于交互构念理论设计专门用途英语课程教学多元评估体系，以2018级和2019级《军事专门用途英语课程》的本科生为研究对象，采用问卷调查、量表分析、文本分析等质性和量化研究方法，从阅读报告撰写、学术演讲交流、主题视频制作三个维度进行数据分析，检验该评估体系的效果。研究过程具体分为三个步骤：第一步，教学评价问卷调查：对研究对象进行教学评价问卷调查，侧重了解他们对评价体系的认可度；第二步，写作人机评阅分析：通过课程写作任务的网络数据分析，评估线上人机结合评阅方式的有效性；第三步，演讲评价量表制定：为学术演讲交流报告和主题视频制作制定评价量表，体现学习者与他人交互以及与语言使用环境交互的重要作用，为构建军事专门用途英语课程评价体系提供实证依据。

4. 结果与讨论

4.1 课程教学评价问卷调查

2018级本科生完成了40学时的《军事专门用途英语》（军事医学英语）新模式的课程学习后，我们通过问卷星平台向421名全体学员发放了"军事专门用途英语课程教学评价问卷"，回收有效问卷416份，回收率为98.8%，学员对该课程教学总体满意度达到96.6%。学员的课程教学评价采用多元评价体系，其中形成性评估占40%，包括学习通平台出勤率、平台作业完成情况、学术演讲视频；终结性评估占60%，为线下闭卷笔试。学员对于该形成性评价的各类任务比较认可，表现出了很高的接受度（96.2%）。教员对学员线上提交的406份学术演讲视频，以班级为单位进行了评分，评分维度是内容（50%）、语言（30%）和展示（20%），但是存在的问题也很明显，即军事英语学术演讲评价并未能检测到学习者与他人交互或与语言使用环境交互的能力。

4.2 写作人机评阅分析

针对2018级学员军事专门用途英语课程教学评价中出现的学术演讲质量不高的问题，我们在2019级的该课程教学形成性评价部分中增加了学术演讲文稿的撰写（见表1），采用机器评阅结合人工评阅的方式给予学员反馈。本研究选取了一个教学班的文稿撰写作业为例，写作任务如下："*You are encouraged to prepare this assignment as a story, an essay, a letter, a multimedia product, etc. Whatever the format you choose, you are required to include your philosophy, mission, or vision that may have evolved as a result of studying this course. Your draft should be about 500 words with the following elements: title, introduction-body-conclusion sections, and reference.*" 我们的研究与前期的多项研究结果一致，人工评阅和机器评阅在分数上差别不大，但是在人工评阅时，我们给予学员文稿明确的文字评语，这一点在个别学员访谈中，得到了学员的好评，认为教师的文字评语比分值更加有指导意义和帮助。

表1：2019级军事专门英语课程多元指标教学评估体系

评价项目		评价内容及形式	评价重点	评价方式
平时成绩（40分）	课堂活动（5分）	课堂出勤、课前准备、课堂参与	学习策略、情感态度等	自评、互评、教员评价
	成果展示（30分）	文稿撰写、学术演讲、视频制作	学习过程、书面表达能力	自评、互评、教员评价
	网络学习（5分）	网络自主学习、第二课堂参与	学习过程、文化意识、协作精神	自评、互评、教员评价
期末考试（60分）		阅读、判断、术语汉英翻译、篇章英汉翻译、写作	军事专门用途英语综合运用能力	定量评价

4.3 演讲评价量表制定

为了提高军事专门用途英语课程形成性评价中学术英语演讲评价质量，本研究综合分析了中国英语能力等级量表（口语量表）、按能力分项评分量表、按任务评分量表、中国大学生五分钟科研英语演讲大赛和"外研社·国才杯"学术英语演讲专项赛评分量表等五种相关评价量表，立足交互构念理论视角，制定出了军事学术英语演讲评价量表（见表2）。该量表在交际语言能力视角下细化了军事学术口语表达能力构念，描述了军事学术演讲量表的三维框架结构，即从学术交际活动、学术演讲策略和学术口头报告文本特征三个维度描述军事学术口头交际能力。

表2：军事学术英语演讲评分量表

一级指标	二级指标 （关键词）	三级指标 （说明）
（一） 演讲 内容 （40%）	**1. 清晰性**	能描述自己军事文献阅读选题的背景、目的和意义
	2. 完整性	能较为完整详细地总结概括出所读文献的主要内容
	3. 适切性	能用听众能够理解的信息或实例解释军事专业内容
	4. 逻辑性	能对阅读的军事专业文献要点进行说明且逻辑性强
（二） 演讲 技能 （30%）	**1. 言语技巧**	能通过语音、语调等言语表达技巧维持听众的注意力
	2. 非言语技能	能恰当地使用身势语、目光交流等非言语交际方式，增加与听众的互动
	3. 视觉辅助	能合理地使用PPT、音视频、图片等多媒体手段增强演讲效果
（三） 演讲 语言 （30%）	**1. 准确度**	能运用合适的词汇和准确的句式，语言具有一定的语法准确度
	2. 流利度	能在规定时间里连贯清晰地完成军事文献阅读的口头学术报告
	3. 复杂度	能使用丰富的词汇和多样的句式，增强语言的表达效果

5. 结论与启示

上述军事专门用途英语课程评价体系的构建和实践，有助于提升我们课程教学评价的科学性和有效性，具有以下三个优点：一是多元评价体系的运用减轻了终结性考试对于学员的压力，促进学员进行文献阅读和学术演讲实践，读思结合、以读促学；二是军事学术英语演讲评分量表的使用减轻了形成性评价对于教员的压力，促进教员评分和评估口头学术报告的质量和效益提升，评测结合、以评促教；三是军事专门用途英语课程评价软件的利用减轻了教员和学员沟通不便的压力，教员和学员都能得到及时的评价反馈，促进教学反思机制的形成，人机结合，互动教学。此外，本研究的意义还体现在探索与实践了军事专门用途英语线上线下相结合的评价途径，也为《中国英语能力等级量表》得到进一步的推广使用进行了有益尝试。

参考文献

[1] Chapelle, C. A. Construct definition and validity inquiry in SLA research [A]. In Bachman, L. F. & Cohen, A.D. (eds.). *Interfaces Between Second Language Acquisition and Language Testing Research* [C]. New York: Cambridge University Press, 1998：32-70.

[2] Flowerdew, J. & Peacock, M. Issues in EAP: A preliminary perspective [A]. In Flowerdew, J. & Peacock, M. (eds.). *Research Perspective on English for Academic Purposes* [C]. Cambridge University Press, 2001：8-24.

[3] 蔡基刚. 学业用途英语、学术用途英语及优质外语教育[J]. 外语电化教学，2014（3）：3-8.

[4] 教育部高等学校外语教学指导委员会. 2020. 大学英语教学指南[Z]. 北京：高等教育出版社.

[5] 教育部国家语言文字工作委员会. 2018. 中国英语能力等级量表（国家语言文字规范GF0018-2018）[S]. 北京：高等教育出版社.

[6] 梁晓波，肖蓉，武啸剑. 论国防语言能力结构体系特征与配置原则[J]. 外语与翻译，2020（2）：38-45.

[7] 王立非，文道荣. 专门用途英语：学术引进与理念更新——兼评《专门用途英语教学与研究学术文库》的出版[J]. 中国ESP研究，2017（01）：32-43，142-143.

[8] 文秋芳. 评析二语习得认知派与社会派20年的论战[J]. 中国外语，2008（3）：13-20.

[9] 文秋芳. 大学英语教学中通用英语与专用英语之争：问题与对策[J]. 外语与外语教学，2014（1）：1-8.

[10] 张琳，金艳. 基于交互观的口语互动能力构念界定[J]. 外语学刊，2016（2）：103-108.

高校公共英语课程教学模式的现状与优化
——基于大学生问卷调查的实证研究

张 航

（国防科技大学，江苏南京，210039）

摘要：高校公共英语课程旨在提高大学生的语言综合能力，使语言成为学生了解世界以及与世界沟通的桥梁。通过问卷调查，从课程设置、教学内容、教学形式、课程体验等方面，分析当前高校公共英语课程的现状及问题，并从教学模式优化以及教师自我能力持续发展两方面着手，为高校公共英语课程建设与改革提供思路与建议。

关键词：问卷调查；教学模式；教育理念；教师能力发展

1. 前言

随着"一带一路"倡议的提出以及全球化的不断纵深发展，中国在许多重大国际问题中拥有了更大的发言权，所代表的大国形象也备受关注。高校学子肩负着国家与社会发展的希望，而公共英语教学作为培养跨文化交际能力、树立国际化视野的重要手段与方法，其必要性与重要性不容小觑。如何确保本科英语通识教育能够突破单纯的语言层面的教学，从教师"讲授"为主的单向输出转为语言"输入与输出"双轨并重的模式成了课程建设亟待解决的问题。

2. 问卷调查情况

本调查研究以信息工程大学洛阳外国语学院（现隶属国防科技大学）非英语专业学生为调研对象并设计调查问卷，基于当前公共英语教学现状设计调查问卷，共收到问卷174份，其中有效问卷174份。

此次问卷调查采用自编问卷从多角度研究当前高校公共英语教学现状，问卷包括闭合式问题（单选、多选）和开放式问题，分别从学生对公共英语课程的认知与教学目标期待、英语自主学习现状、课程体验（即课堂讲授形式及效果）、英语课程设置等角度展开调查。

3. 问卷调查结果与分析

3.1 英语综合能力

大学英语四六级考试成绩较为客观地反映了学生的英语综合能力。数据表明，大学英语六级考试较四级，中、高分比重均有所降低，且未通过率升高，在一定程度上说明教学效果不甚理想。

3.2 学习认知与教学目标期待

调查中发现，大部分学生学习英语是以提高个人素养为内驱力。然而，仅有36.21%的学生在课余时间会主动学习，47.7%学生自主性不强，局限于按时完成课程任务。这说明大部分学生能够意识到语言学习是增强人文领域知识积累、提高个人素质的重要手段，但是，在实际学习过程中，缺乏对英语学习的热情、主动性较低。

由于我校学生特殊的职业发展路径，约62%的学生期望能够增加听说练习，与学生对于日常英语交流的学习需求吻合；阅读、写作与翻译教学与能力提升需求虽不高度集中，却也在一定程度上反映出学生对于读、写这两项传统语言技能的重视。

3.3 英语自主学习现状

调查中发现，大部分学生每天的英语学习时长在一小时以内。可以看出，大多数学生在时间有限、专业课作业繁重的情况下，会选择压缩英语学习的时间。此外，当前的公共英语教学模式无法为学生提供沉浸式的学习环境，无法激发学生的学习兴趣与动力，加上本身自制力的欠缺，导致英语学习中不主动、不努力、不思考的现状。

3.4 课程体验

在教学模式方面，主要以教师讲解为主、课堂问答为辅，也有部分课程采取翻转课堂任务式教学等形式，发挥学生的主体作用，而教师则发挥监督与评价的作用。在打牢语言基础层面，教与学的供给需求基本较为平衡，而在思辨能力与人文知识方面，学习需求无法得到基本的满足。

由于长期受到输入式教学模式的影响，学生在口语表达时普遍较为紧张且不自信。因此，采用能够帮助缓解语言输出压力的小组讨论的互动方式，能够更好地调动学生开口表达的积极性；而组内成员间的头脑风暴能激发学生思考问题的积极性，小组"发言人"的角色所赋予的使命能够促使学生更加主动地参与课堂。

3.5 英语课程设置

根据问卷数据统计，三分之二以上的学生认为有必要增设英语阅读和听说课程。这说明当前的课程设置无法满足大部分学生对于语言知识积累以及综合应用能力提升的需求。此外，五分之四的学生认为应适度开展第二课堂活动，充分激发学生学习英语的热情、拓宽学习途径，同时为学生提供检验学习效果、展现自我风采的舞台。

4. 关于教学模式改革以及教师能力发展的思考

基于上述分析，高校公共英语教学存在的问题集中于教学形式陈旧、内容较为单一、课程设置无法满足学生的学习需求以及学习主动性较差四个方面。因此，改革教学模式、优化教学内容是提高教学效果的关键。教师作为教学活动的承担者和主导者，其自我能力发展也是其中的重要一环。

4.1 教学模式优化

4.1.1 课程设置

基于问卷调查的数据，可以看出学生亟待提高英语听、说能力。然而，由于公共英语课程学生人数多且课时安排少，并不能保证每位学生都能在课堂上收获良好的学习效果。因而，除公共英语课程之外，可以根据本校不同专业学生的培养目标，以专业必修或选修的方式增设"英语口语""专业/学术英语""英美国家概况""英美文学概论"或"英美报刊选读"等课程，满足不同学生对于英语学习的需求，在不同的课程中为学生提供更加丰富的学习素材，激发学生对于英语学习的兴趣。

4.1.2 教学内容

公共英语课程的教学内容多集中于语言层面，着眼于单词、句法以及语言点的讲解。单一的教学内容必然无法满足学生多元化的学习需求，而兴趣的丧失终会使教学变得刻板无聊。因此，公共英语课程的教师应深化学情分析，以学生的语言能力和学习需求为基础，厘清教学重难点，优化内容结构，构建"语言+知识+技能"的能力框架，帮助学生锻炼思维、学习文化、理解社会。

4.1.3 教学形式

公共英语课程教学形式应多样化，注重提升学生的参与度。此次调查研究发现大部分学生更偏向于情景式以及小组讨论式的教学形式。因此，公共英语课程应根据学习主题的不同创设不同的情景模式，将学习内容与社会生活紧密衔接，使学生感受到强烈的关联度与代入感，并借助小组任务式的讨论、汇报等模式，进行高质量的师生互动，学用一体，充分调动学生的自主性与积极性。

4.2 教师自我能力发展

近年来"互联网+"的兴起在教育领域掀起了教学模式改革的热潮。互联网资源的极度丰富以及新型教学模式的出现为公共英语教学的改良提供了更多的机会与可能。作为教学活动的主导者，教师自我能力的持续发展也是当前教学改革的重要环节。

4.2.1 转变教学理念，更新教学素材

教师应与时俱进，更新教学理念，实践"互联网+公共英语"的教学模式。互联网背景下的资源共享使得教师能够充分利用教学平台，筛选出贴合教学目标、符合学生需求的优质素材，以任务型或者选读型的方式推送给学生，为学生课后自学提供丰富的资源。

4.2.2 创新教学形式，加强师生交流

"互联网+"概念的兴起，见证了教育技术以及课堂教学形式的深刻变革，新型教学理念层出不穷。公共英语教师要大胆创新、勇于实践、变革教学模式。将"线上+线下"教学有机结合，为学生创设"浸入式"与"安全"的学习环境，帮助学生克服胆怯心理，使英语融入生活，成为帮助学生交流的工具，而非阻碍交流的绊脚石。

4.2.3 坚持教研结合，注重团队建设

高校应加强英语教师的团队建设与合作，群策群力完成公共英语课程建设和改革，在团队合作中开拓思路、取长补短。此外，高校应鼓励教师参加讲课比赛、教学能力培训等活动，促进教师关注先进的教学理念，更新教学内容与方法，提高教学能力与专业素质。同时，坚持以学促教、教研结合，在实际的教学活动中发现问题、提出问题，并以专业理论及教育理论来指导教学，持续提高教学水平与教学效果。

5. 结语

此调查研究基于自编问卷，搜集有关公共英语教学内容、教学模式、课程设置以及学习效能感方面的数据。当前公共英语教学存在课程设置不合理、授课内容无法满足学习需求、学生参与度较低等问题。因此，高校公共英语课程的优化需从教学模式优化与英语教师能力持续发展两点入手。优化课程设置、更新教学内容、研究新理

念、实践新模式、教研结合、团队建设，这些是打造教师主导、学生主动、学用结合的高质量公共英语课程的必经之路。

参考文献

[1] 陈晨．生态学视角下大学英语实践教学研究[J]. 教育理论与实践，2018，（30）: 51-52.

[2] 蒋艳，胡加圣．基于SPOC的大学英语翻转课堂大规模教学运行机制研究[J]. 外语电化教学，2018（04）: 9-15，29.

[3] 李安娜．"互联网+"背景下大学英语教师角色定位探究[J]. 黑龙江高教研究，2018（12）: 100-103.

[4] 李芳军，屈社明．翻转课堂环境下大学生英语应用能力发展的动态交互模型及其实效性研究[J]. 外语教学，2018（05）: 75-80.

[5] 李硕，汪火焰．大学英语课堂互动仪式的实践流弊与改进策略——基于柯林斯互动仪式理论的视角[J]. 黑龙江高教研究，2018（12）: 148-153.

[6] 刘燕．多模态话语分析理论在大学英语听说教学中的有效应用[J]. 教育理论与实践，2018（27）: 55-57.

[7] 罗莎．基于慕课的大学英语翻转课堂环境评价[J]. 外语电化教学，2018（04）: 16-22.

智慧教学SPOC教学模式的实证研究

万慧　钟毅

（陆军炮兵防空兵学院，安徽合肥，230031）

摘要： 本研究通过对照试验法和定量研究法等，分析结合智慧教学的SPOC混合教学模式对军校学员大学英语学习的处理效应和影响及启示。经过实证研究，结合智慧教学的SPOC混合教学模式与传统教学相比较，在提高学员英语成绩方面具有其优势，同时从具体实施层面提出智慧教学SPOC混合教学的建议。

关键词： 军事英语；听说教学；SPOC混合教学；实证研究

1. 引言

军队院校智慧校园建设旨在全面贯彻新时代军事教育方针，提升办学育人信息化智能化水平，其一方面要求学员要不断提高综合学习能力，尤其是自主学习能力，另一方面也要求教员要利用好智慧教学手段，借助多渠道教育资源对传统教学内容进行拓宽，对教育信息进行融合发展，推动军队院校课程改革和我军教育事业的现代化发展。

本文试图将SPOC线上线下混合学习与智慧教学相结合，创建一种以智慧教室为依托，以校园网络技术为支持，教学资源与教学手段有机结合的新型"大学英语"教学模式，并通过实证的方法探究该模式的有效性和具体实施方法。

2. 研究设计与结果

2.1 研究设计

本研究选取我院大二年级A、B两个教学班学员为研究对象，研究对象英语基础整体良好，但班内学员英语基础也存在一定差距。经统计，其上一次期末考试成绩符合正态分布，因此对研究对象进行下一步研究具有可行性。

研究首先通过访谈和调研等手段，对研究对象进行前端分析，包括教学内容分析、阅读需求分析、听力兴趣分析等。根据前端分析的结果，制定《军校大学英语在线学习内容需求问卷量表》，该问卷采用李克特5级量表的形式，先导测试证明预期的Alpha系数为.801**，说明问卷内各项目间内在一致性较强，符合进一步的实验与统计学分析的要求。接下来，根据初步的问卷结果来细化项目实施方案，并进行混合式教学的设计，并进行混合式授课，授课共12周，期间记录任务得分。

A班为实验组，B班为对照组，两组分别进行前测，证明其英语成绩均呈正态分布且两组测前无显著差异。

对照组与实验组成员分别参加笔者所讲授的同一学期大学英语课的课堂教学。对照组按照传统教学模式，进行全线下教学，学员在课下完成传统课后作业。实验组参加以智慧教学为基础的SPOC混合教学，在课下完成线上学习任务，形式和侧重点与传统作业有所不同，例如在学习形式方面，实验组在线上完成小组学习打卡或竞赛，充分利用网络学习资源来拓展学员的学习兴趣和积极性。打卡成绩还可作为学期课程形成性考核分数的组成部分，以鼓励受试者积极认真完成任务。

2.2 研究结果

实验组和对照组都在参加学习之前和之后分别对他们上一学期的英语期末考试成绩和后测考试成绩进行了统计学分析。

前测方面，实验组和对照组上一学期的英语期末考试成绩的描述性分析，偏态系数分别为1.18和0.95，呈正偏态。两组成绩T检验的结果Sig.为0.36，大于0.05，前测结果显示在实验之前，两组受试者的英语水平没有体现出统计学意义上的显著性差异，即说明实验组和对照组的英语成绩或水平是同质的，可以作为该实证研究的对象。

经过一阶段的对比研究教学后，实验组和对照组同时参加同一项大学英语能力测试，所用试卷由大学英语四级真题和模拟题随机组合而成。之后对研究对象各项学习和考试数据进行数据分析。两组后测的偏态系数分别为0.83和0.97，与前测数值1.18和0.95相比，偏态系数均有明显减小，组后测分数数据的分布更接近正态分布序列。

组后测的独立样本T检验结果显示，F值为1.05，Sig.为0.86，大于0.05，表示方差齐性检验没有显著差异，此种情况下的Sig.为0.00，小于0.05，因此两组得分的差距具有统计意义上的显著性。

以上说明SPOC混合教学模式实验后，实验组和对照组的英语成绩存在显著差异，因此SPOC混合教学模式与传统教学相比较，在提高学生英语成绩方面具有其优势。

3. 研究启示与实施策略

英语的习得，必然对每日的语言渗透和积累有量的要求，这也一直被视为提高外语能力的一个必不可少的准则。而在军校中，由于学员不能自由使用手机等客观原因的存在，在大学英语的传统教学中，教员难以每日给学员下发语言渗透的课堂任务，也难以及时了解学员每日的学习情况。而智慧教学体系就在很大程度上解决了这一问题。智慧教学对于大学英语而言，除了提供了智慧的硬件，更重要的是为全体学员和教员强化了大学英语教学"以学员为本"的宗旨。无论是便捷的每日听说任务的下达，还是综合全面精准的形成性考核数据，都在教与学的过程中突出了外语学习每日积累的重要性。

具体来说，首先在课前，教员可先借助"互联网+"智慧教学新模式积极运用网络学习资源开展教学创新，并以多媒体为载体全面整合教学资源，在特色化教学资源的运用下展开个性化教学，如坚持让学员通过自学软件进行小组内打卡和竞赛等，辅助提高教学效果。同时，也可利用"爱课堂"和"电子书包"等媒介在课前了解学员的预习情况和相关内容的语言基础，以此来有针对性地设计教学内容。

在课中，由于语言教学强调学生的参与度和师生互动性，因此可在授课过程中多设计学员可全员参与其中的不同难度的任务，利用抢答、随机选人等功能，一方面能保持全体学员上课的专注度，另一方面也能提高学员对于教学的兴趣，活跃课堂气氛。同时，教员可提前在"爱课堂"的电子黑板端上将学员进行分组，在整个授课过程中，教员便可利用该分组进行实时小组竞赛比拼，授课结束时可计算不同组的积分进行排名，同时每位学员课上的活跃程度和答题准确性都将作为平时性考核的依据，以鼓励和督促学员认真完成课堂学习任务，提高学习效果。

在课后，教员可根据学员课前或课上的积分排名为学员布置区分性、分层性的课后任务，有针对性地来改善不同英语基础学员存在的不同问题，达到共同进步的目标。

以大学英语传统教学中的一个难点——听力教学为例，在大学英语课中，传统听力教学多采用教员反复播放音频并适当讲解听力内容的方法进行授课，而不同英语听力基础的学员面对同一篇听力文本可能就会出现"好学生吃不饱，学困生吃不了"的问题，从而降低学员在课堂的参与度和课堂教学效果，而智慧教学系统便能在很大程度上解决这一问题。首先在课前，教员可以在电子书包上以quiz（小测试）的形式提前下发下次课即将重点学习的听力音频，学员以小组竞赛的形式在晚自习时间在课代表的统一组织和督促下各自独立完成，之后可统计每组成绩进行评比，提高大家完成任务的认真程度以及在课下自我训练提高听力的积极性。更重要的是，教员要将所有学员每道题的答题正确率进行统计分析，当答题正确率超过一定比例时，即可在课堂上少做或不做讲解。同时，在听力课堂授课过程中，也可让学员以建制班为单位，完成一些在线学习的小组PK任务，例如在热身环节进行内容相对简单的听力练习时，可以进行限时线上答题，进行建制班的积分排位赛；相对较难的重点训练内容可利用"随机选人"来进行小组听抄竞赛；听重点内容时还可利用"抢答"功能来鼓励学员自主分析题目中的听力答题技巧；授课结束前可公布排名，作为平时性考核成绩的加分依据。而在课后，一方面可为课前小测试成绩不同分数段的学员布置不同难度的课后听力任务和线上学习任务单，基础较好、学有余力的学员可完成难度进阶的听力训练题，或自学自训其他相关听力技巧，以防止其出现"吃不饱"的问题。而课前测试成绩相对落后的学员可安排其重点完成本课已讲解过的听力内容的精听巩固复习任务，同时也可为其适当增加难度较低的其他题型，以帮助该部分学员打牢基础并逐步提升。另一方面，教员还可利用学员自习课时间进行听力的分级教学，以授课内容的难度进行区分，分为基础班和提高班，学员可自愿参加其中一组进行学习，课上主要对课前线上答题情况进行纠错、答疑、深度扩展等，以达到内化知识，教学相长的目的。

4. 结语

　　总的来说，军校大学英语教学要充分利用好现有智慧校园的条件，对现有系统中的不同功能进行充分思考与探索，并在课下多组织教员进行研讨交流，多走近学员倾听学员的心声和需求，力求将智慧教学用到实处。

参考文献

[1] 康叶钦. 在线教育的新时代SPOC [J]. 清华大学教育研究，2014（1）: 85-93.

[2] 赵文飞. SPOC混合式教学模式在军校高等数学课堂的可行性研究[J]. 教育教学论坛，2020（12）: 282-284.

"对象国军事与文化概况"课程建设与教学改革研究

王凯 于蓉 徐丹

（战略支援部队信息工程大学，河南郑州，450000）

摘要： 在我国对外军事交流日益增多、大学教育改革举措深入开展、"双一流"建设推进的大背景下，我校建设了"对象国军事与文化概况"特色课程。本文主要介绍该课程建设背景及教改实施，尤其是产出导向法在课程中的实现路径：通过实时吸收时效性较强的案例素材，设计真实的对外交流任务，将知识融于任务中，创造有意义的学习。以期为促进军事院校多语种外语教学研究提供一些参考。

关键词： 产出导向法；军事特色课程；多语种教学

1. 课程开设背景

随着国家在军事、经济、政治等多个领域的迅猛发展，军队涉外活动日益增多；随着大学服务部队深度的不断深化，学员参与维和、国际性学术会议、国际性军事竞赛乃至出国深造的机会日益增多。为应对这些机遇和挑战，新时期下生长军官学员在掌握必备专业知识的基础上，也应了解和掌握关于周边国际形势、对象国语言、对象国军情社情等方面的知识。

基于以上现实需求，笔者所在的单位开设了"对象国军事与文化概况"课程。该课程是面向生长军官本科教育的公共选修课，由相关专业结合人才培养需要进行选开，主要讲授美、俄、日、欧洲以及朝鲜半岛等重要国家和地区的军事与文化概况，引导学员积极思考国际局势变幻的深层次原因和对策建议。

在课程的教学内容设计上，统一规范了不同对象国的篇章，即针对每个国家都讲解"文化概况"与"军事概况"两个专题。在"文化概况"专题，讲述基本国情、简史和社会时政三个内容。在"军事概况"专题，讲述军事力量构成、军事战略和军事教学训练三个内容。又因具体到每个内容时每个国家呈现不同的实际情况，由每位授课教员自行决定最能体现所讲对象国的特色内容。根据这样既"整齐划一"又"别具一格"的内容选取原则，使得学员可以多维度、全方位地对所讲对象国的某一知识点进行横向对比理解，从而形成更加丰富全面的全局世界观。

同时，课程目标被细化为三个层面。第一，知识层面，了解并掌握对象国的国情概况和时政军情，进一步完善军事人文社会科学领域的知识结构。其次，能力层面，运用规律研判相关信息，预测发展趋势及政策走向，养成从特殊到一般再到特殊的马克思主义哲学思维；此外，熟悉对象国语言相关日常用语，提升跨文化军事交流能力。第三是情感层面，通过赏析对象国文化中涉及的词汇、短语等语言载体，发现和欣赏对象国语言之美；与此同时，深入思考中外国情文化和时政军情的异同，提升国家周边安全意识和岗位责任感，坚定文化自信及社会主义道路自信。

2. 产出导向法与该课程的融合实现

产出导向法（production-oriented approach）倡导学用一体和产出导向，致力于解决现阶段我国高校外语教学中广泛存在的"学用分离，效率不足"问题。POA教学大致分为三个阶段："驱动""促成"和"评价"，强调"输出"对"输入"的反作用，采用全新的"输出–输入–输出"教学流程。

"对象国军事与文化概况"课程在授课过程中视情况采用产出导向、任务驱动。在讲解时政热点和军事教育训练时，通过设计真实的对外交流任务，将知识融于任务中，创造有意义的学习。以俄罗斯篇为例，近年来，中俄文化及军事交流活动广泛且深入。在这种背景下，了解俄罗斯这个民族的社交礼仪显得格外重要且必要。所以在讲解俄罗斯社会时政时专门加入了俄罗斯的社交礼仪这一教学内容。在该教学内容的授课过程中，课程组采用了产出导向教学法。

2.1 产出驱动

这个环节是教员在课前为学员的产出做准备活动。主要包括选择驱动内容，设置产出任务，筛选输入材料等内容。在本节课设计的交流任务是，在一次"中俄国际学员周"活动中，假设你是被派去俄罗斯军校交流的中方学员，如何在交流周活动中顺利实施相关社交礼仪。这一课程主题会在课前通过钉钉群等平台发布，要求学员自行查找相关资料，做好上课准备。国际学员周活动是近些年来我军与外军比较常见的交流方式，学员的代入感会比较强，这一场景的设置与产出导向教学所倡导的，即在学生驱动力形成时会产生学习的积极性这一说法相符，可以提高学员对教学内容的关注度。课上，以这个产出任务作为本次教学的起点和终点，将这一宏观复杂的产出任务通过设置为初遇、结识、做客三个场景进行分解，通过降低任务难度，以树立学员产出的信心，帮助学员顺利实现跨文化交际。

2.2 产出促成

这个环节是教员在学员进行产出时开展的教学活动。该部分大多在课堂上展开，主要分为产出驱动、产出促成两个部分。具体说来，正式讲解本节内容前，通过提问让学员进行汇报，来检查学员课前任务的完成情况。这里的汇报也是教学评价的一项重要内容，教员需要结合学员回答问题的情况做好记录，并进行系统评价，从而引起学员的进一步重视。之后设计真实代入场景，详细讲解初遇、结识、做客每一个场景下蕴含的语言知识和文化背景。此外，引入"跟我说"环节，不仅讲解俄罗斯各重大场合下社交礼仪知识，同时带领学员感受相关语境下的俄语日常用语，使语言和文化学习相辅相成。课后要求学员编组模拟以上三个场景，要用到课堂上讲过的文化礼仪知识及相关俄语用语，实现产出促成。通过前期任务驱动，可以有效提升学员的学习积极性和主动性，也有利于在下一次课程中更好地理解相关知识点。

2.3 产出评价

这个环节是保证最终产出质量的关键环节，分为即时评价与延时评价的结合、形成性评价与总结性评价的结合。作为对象国国家军事动态与人文社会科学知识相结合的融合课程，该课程采取了形成性评估的考核评价方式，实现对学情的全面把握。教员通过设置开放性主题讨论、学员协同开展案例素材挖掘研判等作业，来重点考察学员信息及军事素养。并以主题讨论的参与度（20%）、作业完成度（20%）、日常课堂表现（20%）、学员自主选题的撰写课程总结（40%）的比例，作为其课程成绩的全部构成。

经过驱动、促成、评价三个阶段的导向实施，教员教学目标和学员学习目标都非常明确，实操性强，教学效果好。在培养学员自主学习能力的同时，学员的合作能力、交流能力和创新能力也得以培养。

3. 课程其他实施特色

除了上述产出导向法的实施运用，该课程还有如下实施特色：

第一，引入思维导图工具，促进高级思维发展。在小结和作业环节充分使用思维导图这一工具进行内容梳理和总结，从而实现衔接教学内容、体现知识间关联的目的；引导学员从不同角度思考问题，深入理解"对待同一问题，不同利益方的不同看法"。通过"有争议"的教学内容的设置和任务式、问题式教学方法的使用，构建学员的全球视野、全局思维和思辨能力。

　　第二，跟踪对象国动态，更新完善课程内容。"对象国军事与文化概况"课程不仅仅向学员们讲述各个对象国的纯知识性的理论问题，还注重理论联系实际，通过一些真实的热点报道印证讲述的文化知识点、军事知识点。既讲授"世界观"又教会"方法论"，使学员们不仅明白"是什么"，知道"为什么"，还要懂得"怎么办"。通过紧密联系时事，跟踪对象国相关知识点的动态，使得课堂上的理论讲授有现实中的落地支撑，有力刺激学员主动获取相关时政热点并进一步构建其全局思维。与此同时，课程的教学内容也在这个过程中获得了更新和完善。

4. 小结

　　产出导向教学法在"对象国军事与文化概况"课程教学中的应用优势还是比较突出的，主要表现在：该教学法从产出任务着手，并在课堂上以这一任务为牵引，教学活动可以紧紧围绕教学目标开展，使得师生拥有共同的教学方向；该教学法中的"学用一体说"教学理念既看重学又看重用，最终达到"学以致用"的目的。课程通过多种教学方法手段的应用，在设计的真实任务场景中学习，使学员进一步掌握知识点的核心要素，增强其学习效果。

参考文献

[1] 文秋芳. 产出导向法的中国特色[J]. 现代外语，2017（3）: 348-358.

[2] 文秋芳. 构建"产出导向法"理论体系[J]. 外语教学与研究，2015（4）: 547-558.

[3] 文秋芳. "师生合作评价"："产出导向法"创设的新评价形式[J]. 外语界，2016（5）: 37-43.

[4] 张文娟. 学以致用，用以促学——产出导向法"促成"环节的课堂教学尝试[J]. 中国外语教学，2015（4）: 10-15.

促成有效性标准在大学英语混合式教学中的实践

尹冬梅

（海军大连舰艇学院，辽宁大连，116018)

摘要： 依据产出导向法促成有效性标准"精准性""渐进性""多样性"原则，利用雨课堂等信息化教学手段开展混合式教学，从结构、内容、语言三方面，设计形式多样的促成活动。分析产出文本，发现复习性产出任务促成效果较好，目标语言复现率较高；迁移性产出任务目标语言复现率虽略低，但是对于结构、内容和方法的促成效果较好。

关键词： 产出导向法；促成有效性；混合式教学

1. 理论依据

1.1 产出导向法促成有效性标准

"产出导向法"是文秋芳教授带领其团队历经十余载英语教学改革创建的具有中国特色的英语教学理论体系。该理论体系主要包括教学理念、教学假设、教学流程三部分。教学流程包括驱动、促成、评价三个环节。其中促成环节的设计非常重要，促成的好坏，直接影响产出导向法教学的成败。为有效促成，文秋芳教授提出了"精准性、渐进性和多样性"的促成有效性标准。"精准性"就是促成活动一方面精准对接产出目标，另一方面精准对接产出"缺口"；"渐进性"指的是根据学生产出困难，设计循序渐进的促成活动，为学生搭建脚手架，帮助其顺利完成产出任务；"多样性"既包括教学活动多样，也包括促成手段的多样。（文秋芳，2017：17）

1.2 混合式教学

混合式教学的英文为Blended learning。"blend"一词的含义是"混合"，那么混合的是什么呢？ Driscoll归纳了几种混合式教学的定义：1）教学方法（如构建主义、行为主义、认知主义等）的混合；2）任何一种教育技术，如视听媒体（幻灯投影、录音录像）与面对面课堂教学的混合；3）教学与实际工作任务的混合；4）各种网络技术的混合（如虚拟课堂、自定步调学习、合作学习、流媒体视频等）。（Driscoll，2002）

近年来，随着信息技术的快速普及，教育界对"混合"赋予了新的意义，即与信息技术密切相关。因此，比较广泛认可的混合式教学的定义为，将在线教学和传统教学的优势结合起来的一种"线上"＋"线下"的教学。通过两种教学组织形式的有机结合，可以把学习者的学习由浅到深地引向深度学习。我院大学英语混合式教学主要采取线上雨课堂、校园网大学英语自主学习平台、iTest爱考试智能测评云平台、iWrite爱写作英语写作教学与评阅系统与线下课堂教学相结合的线上线下混合式教学。

2. 促成有效性标准在大学英语混合式教学中的检验

2.1 检验对象

检验对象为本人执教的2019级一个班的学生。该班为大学本科非英语专业二年级学生，采用外研社大学英语自主学习平台入学测试试卷进行入学测试，班级平均分53.2，年级均分57.3，写作平均分8.2，年级写作平均分8.4。从测试结果看，学生整体英语水平处于中等偏下，语言基础较为薄弱，写作中存在大量结构、内容和语言问题。

2.2 复习性产出任务促成设计及效果检验

2.2.1 复习性产出任务促成设计

产出任务：假设你将参加多国海军活动，当你和外军军官交流时，介绍中国的传统节日。为有效促成，在教学过程中将该任务细分成节日名称、起源、活动、美食四个子任务。线下面授促成环节，主要从结构、内容、语言三方面，以春节、端午节、中秋节为例，通过图片、音频、视频，借助多媒体课件和雨课堂，设计了头脑风暴、节日连线、复合听写、英汉互译、句式归纳等语言促成活动。线上促成环节，一方面教师通过雨课堂推送视频或网页文字介绍中国传统节日；另一方面学生可以通过网络自主查找相关节日介绍。

2.2.2 产出效果及分析

班级32人，提交写作产出任务32份。教师评价时重点从结构、内容、语言三方面考察学生的产出任务完成情况。从结构和内容方面看，学生对传统节日介绍结构清晰，运用了举例法对节日的起源、活动、美食等进行了介绍；从语言方面看，本次产出任务设定的语言目标分为词汇层面和句子层面，共34个语言目标项，检验发现34个语言促成目标在学生的产出文本中均有复现。其中复现1—5个语言目标的有21人，占66%；复现6—10个语言目标的有10人，占31%；复现10个以上语言目标的有

1人，占3%。学生产出中最主要的问题，集中在语言表达方面，除基本语法错误外，最突出的问题是句子结构以及语句衔接的问题。

2.3 迁移性产出任务促成设计及效果检验

2.3.1 迁移性产出任务促成设计

产出任务为通过细节描写，记叙一件难忘的经历。促成环节，从记叙文的结构入手，将写作任务拆分成背景、事件经过、结果和反思三部分。以《新视野大学英语》教程中 Graceful Hands 一文为例，在结构和内容方面，主要运用头脑风暴、自由写作、思维导图、围绕中心找具体事件、通过具体事件总结中心、语言描写、动作描写等活动促成；语言促成方面，主要通过听力填空练习、翻译练习、连线练习、词汇扩充等方式，从词汇和句子层面，帮助学生注意、理解、使用新学习的表达方式。

2.3.2 产出效果及分析

班级32人，提交写作产出任务32份。从结构、内容、语言三方面，按总分15分进行打分，学生作文最高分12分，最低分7分，平均分9.1分。从篇章结构看，学生作文仍存在段落层次不清，衔接不当的问题。从内容方面看，存在的问题是部分学生作文缺少中心，未体现记叙的经历如何难忘；优点是有26人使用了感官描写，使记叙更加生动形象，占班级学生总数的81%。从语言方面看，在词汇层面，主要问题有拼写错误、词汇选择错误或搭配不当；从句子层面看，主要存在时态错误，句子成分残缺或者冗杂，逐字翻译造成的中式英语等问题。

3. 结语

本轮教学改革实践以产出导向法，特别是促成有效性标准，即促成的"精准性""渐进性""多样性"三个方面为指导，侧重促成环节的设计、实践及效果检验。促成环节教学设计的实现，离不开教学手段的实施，混合式教学技术手段的应用，实现了教学资源的支持功能、面授课堂的互动功能、学生答题的统计功能、产出评价的辅助功能等，为精准对接产出目标、发现产出"缺口"、多模态多渠道促成以及促成检验发挥了积极作用。

通过对复习性产出任务和迁移性产出任务进行检验发现，复习性产出任务促成情况较好，目标语言复现率较高，迁移性产出任务在结构、内容，尤其是方法的促成效果较好，但目标语言的复现率较低。

因此，在今后的POA大学英语混合式教学改革实践中，还要从以下几方面加强研究，进行改进：一是实践研究的跟踪，要加强前测、后测和过程检测；二是促成测量手段还需更多样，可以就"说""写""译"三项产出技能的促成效果，分项具体细致研究；三是促成有效性标准的拓展研究，在"精准性""渐进性""多样性"的基础上，加强对"迁移性"的研究。

参考文献

[1] Driscoll, M. Blended learning: Let's get beyond the hype [J]. *E-learning*, 2002(3).

[2] 文秋芳."产出导向法"教学材料使用与评价理论框架[J]. 中国外语教育，2017（02）：17-23，95-96.

海军实用英语混合式演练教学研究

赵 峰 闫 磊

（海军大连舰艇学院，辽宁大连，116018）

摘要： 在《海军实用英语》课的教学中，依据混合式教学的思想和原则，基于"产出导向法"，在课前将单元语言任务、术语和功能句在雨课堂上发布给学员，指导他们在线自主学习微课和教学片并通过线上口译评测，然后进行课前的自主演练，最后在课堂上以虚拟情景演练的形式展示汇报，实现了课堂的翻转，提升了教学效果和质量。

关键词： 混合式教学；微课；教学片；产出导向法；虚拟情景演练

2020年7月23日，习主席在视察空军航空大学时指出，"院校同部队对接越精准，课堂同战场衔接越紧密，培养的人才越对路子。要围绕实战、着眼打赢搞教学、育人才，做到教为战、练为战"（解放军报，2020）。过硬的海军职业英语能力是海军学员国际素质的基础，培塑这一能力必须与他们成为海军军官之后执行的海外任务紧密对接。为此，作为一门"海军职业核心课程"和培养学员海军职业英语能力主阵地，海军实用英语课有必要走混合式教学的路子，创设模拟海外任务的虚拟情景，以演练代替讲授，实现课堂的翻转。

1. 混合式教学的概念

加拿大卡尔加里大学教与学中心主任 D. Randy Garrison 将混合式教学界定为课堂面授教学与在线学习的结合（Garrison，2004）。在其《高校教学中的混合式学习：框架、原则和指导》一书中，他认为混合式教学是面对面教学与在线学习精心结合的产物，其基本原则是把面对面的口头交流与在线的书面交流做最有效的整合，在结合二者优势的基础上形成独特的学习经历，使之与教学情境和教学目标相适应（Garrison，2008）。

国内首位提出混合式教学的学者是北京师范大学的何克抗教授。在他看来，混合式教学将传统教学模式和网络化教学模式有机结合，使线上和线下教学的优缺点相互弥合，能有效发挥教师的指导作用和学生的主体作用，增强学生的主动性和创造性。基于这一点，何克抗认为混合式教学结合了传统学习方式和在线学习（e-learning）的优势，不仅发挥了教师的引导、启发、监控教学的作用，又充分体现了学生作为学习主体的主动性、积极性和创造性（何克抗，2005）。

综上，混合式教学是一种以"学生学习为中心"，将在线学习和面授教学有机融合的教学模式。

2. 混合式演练教学的资源准备

海军实用英语混合式演练教学的资源准备包括线上资源和课堂演练教学所需的虚拟情景的制作。

2.1 线上资源

海军实用英语混合式演练教学的线上资源可分为四大类：雨课堂资源、微课、教学片以及海军职业英语口译AI评测系统。其中，雨课堂资源和评测系统的平台为互联网，使用终端为学员手机；微课和教学片的发布平台为校园网文档云，使用终端为学员队机房的电脑。

2.1.1 雨课堂资源

雨课堂资源包括课前预习课件和测试题。预习课件内容包括三部分：单元语言任务、术语和功能句，通常不超过四页，用于在课前发布给学员自主学习。雨课堂测试题有课件版和试卷版两种格式，课件版测试题与预习课件配套，用来考核对术语的掌握情况；试卷版主要用于期中考试，用以考核多个章节的术语和功能句。

2.1.2 微课

海军实用英语微课是讲解术语或者某一个功能句的小视频。课前，教员会将这些微课发布在校园网文档云里，供学员下载后自主学习。这些小视频里的术语是课前雨课堂测试课件考察的内容；其中的功能句，是口译AI评测系统考核的内容。

2.1.3 教学片

教学片是呈现一个语言任务完整过程的视频。教学片与微课是整体与部分的关系，教学片旨在全面呈现任务过程，微课则侧重讲解任务某环节中的知识点。微课的优点在于短小精悍，能够在几分钟内向学生呈现知识点是什么、怎么用，但是其缺点也是显而易见的——无法展现知识点之间的相互关系。教学片弥补了微课的短板，它将各个知识点串起来，呈现一次语言任务的完整情景。

2.1.4 海军职业英语口译AI评测系统

"海军职业英语口译AI评测系统"已于2022年4月建设完毕，其评分机制基于科大讯飞和阿里云的英语口译自动评分系统。2022年5月已经用于在线考核2019级学员的功能句掌握情况，效果良好。

2.2 制作线下教学用的虚拟情景

呈现交际场景是语言教学驱动环节的第一步，是"产出导向法"最具创意的部分。（文秋芳，2020）线下教学所用的虚拟情景，是海军实用英语演练教学最具创新性的环节。演练就要有脚本，无论是学员在课下自主演练，还是在课上的虚拟情景中演练，都要以脚本为依据。有了脚本，相当于演戏有了剧本。

2.2.1 编写演练脚本

编写脚本，实际上就是以人才培养方案和课程标准为依据，紧扣军事外交的实际交际情境，把长篇累牍又枯燥乏味的课文内容任务化的过程。海军实用英语44个章节的教学内容被改编成了19个情景演练脚本，包括引水与靠泊、避碰与追越、反海盗作战、扫海警戒、临检拿捕、通过海峡、航行补给、舰艇出访礼仪、遇险与搜救、直升机作业、参观海军陆战队、参观军事院校、甲板招待会、编队机动演练、商讨联合演习、参观航母、参观护卫舰、参观驱逐舰和参观实习舰。

2.2.2 制作虚拟情景

在19个脚本的基础上设计并制作了19个虚拟情景，每个情景下设若干个交际场景，一共47个场景。所有的交际场景全部采用3D建模，可360度旋转，能方便地确定人与场景的最佳比例，演练之前只需把最佳比例的参数输入控制软件，就能调出角度最佳的虚拟情景。

3. 混合式演练教学的实施

有了线上和线下的资源，教员就可以按照教学设计，实施混合式演练教学。教学过程分为三个阶段：学员课前线上自主学习、自主演练和课上虚拟情景演练。

3.1 学员线上自主学习并通过考核

课前，教员会把雨课堂学习课件发布给每一位学员，通知他们在校园网文档云下载微课和教学片，并明确课前雨课堂测试和口译AI评测的发布时间。

学员在课前通过预习课件了解本单元的语言任务之后，先利用雨课堂课件和微课学习术语和功能句等知识点，然后观看教学片，观摩语言任务的整个过程。最后，他们还要参加雨课堂术语测试和口译评测系统的功能句口译考核。

3.2 学员课前自主演练

通过了考核，学员就在教员的指导下模仿教学片进行课前自主演练，在演练中逐步熟悉术语和功能句的使用。学员自主演练完毕，需提交视频。教员逐一批阅，总结出共性的问题和每个小组演练的不足，然后反馈给学员。

3.3 教员组织学员进行课堂虚拟情景演练

学员虚拟情景演练在绿箱中进行。演练时，学员按照分组先后进入绿箱，在虚拟情景中分角色进行演练。演练学员面前的大屏幕电视将虚拟情景和他们本人实时融合为一体，一个场景的交际完成之后，画面就会切换到下一个场景，给他们一种身临其境、近似实战的感觉。一组学员完成其汇报展示之后，其他小组依次跟进演练，最终完成全区队的演练展示。

3.4 教员指导其他小组进行观摩和评估

观摩和评估实际是同时进行的。一组学员在绿箱演练时，教员不仅要打出分数，还要指导其他学员在观摩室的大屏幕电视上进行观摩。每观摩完一组学员的演练，他们就在教员发的打分表格上为该组学员打分。一组学员演练结束后，教员用对讲机招呼他们回到观摩室，一边回放演练录像，一边对这一组学员演练的优缺点进行言简意赅的点评，然后让下一组学员进入绿箱进行演练。

全区队演练结束之后，教员进行总结性讲评。下课后，课代表按照教员和学员评分各占50%的比例为一组学员评定成绩，作为该小组的一次形成性评估成绩，并在全班公示。

4. 结语

综上，海军实用英语混合式演练教学搭建起了语言知识输入和技能输出的"回路"，实现了课堂的翻转。在线上自主学习阶段，学员通过雨课堂了解语言任务，利用微课学习知识点，并通过观摩教学片掌握任务的全过程，其实质就是语言知识信息的输入过程。教员通过雨课堂测试课件、口译AI评测系统和学员上交的演练视频对他们的课前线上学习进行质量监控。在课前自主演练阶段，有了教员的指导和小组协作，学员能将语言任务演练到相当熟练的水平。在课堂汇报展示阶段，学员在虚拟情景中完成语言任务并接受教员和同学们的评估。学员在线上自主学习知识，在线下以虚拟情景演练的形式展示汇报，不仅增强了自信心和成就感，还激发了自主学习语言知识的主动性。如此，海军实用英语混合式演练教学实现了语言知识信息的输入与语言技能促成和输出的统一。

参考文献

[1] Garrison, D.R., Kanuka H. Blended learning: Uncovering its transformative potential in higher education [J]. *Internet and Higher Education*, 2004(2): 95-105.

[2] Garrison, D.R., Norman D. Vaughan. *Blended Learning in Higher Education: Framework, Principle, and Guidelines* [M]. John Wiley & Sons, Inc., 2008.

[3] 何克抗. 从 Blending Learning 看教育技术理论的新发展[J]. 国家行政学院学报，2005（9）: 10-12.

[4] 习近平八一前夕视察空军航空大学时强调：深化改革创新 不断提高办学育人水平[N]. 解放军报，2020年7月24日.

[5] 文秋芳，孙曙光. "产出导向法"驱动场景设计要素例析[J]. 外语教育研究前沿，2020（2）: 4.

基于"内容与语言融合式学习"理论的军事英语教学探讨

陈 姻

（国防科技大学，湖南长沙，410003）

摘要： 本文探讨了基于"内容与语言融合式学习"（CLIL）理论的军事英语教学设计、教学策略实施和教学质量评价。CLIL是以学科内容为依托的语言学习模式，在有意义的环境中学习语言，符合语言学习规律，通过英语语言学习与军事知识学习的深度融合，学员既能提高英语运用能力，又能提高对军事知识的掌握。

关键词： "内容与语言融合式学习"（CLIL）理论；军事知识；英语语言

1. 引言

随着全球化的发展，军队在国际舞台上参与军事交流、执行军事保障等非战争军事的任务日益增加，军人的军事英语应用能力越来越重要。军校担负着为我军培养高素质新型军事人才的重任，军事英语教学成为新时期人民军队现代化建设的迫切需要。面对新世纪新情况，军校应如何从实际出发，探索一条行之有效的军事英语教学方法，是摆在我们面前的新任务。

军校英语教学中采用"内容与语言融合式学习"（Content and Language Integrated Learning，简称CLIL）教学模式，是在有意义的环境中学习语言，通过英语语言学习与军事知识学习的深度融合，不仅能提高学员的英语水平，而且还能丰富学员的军事知识。

2. CLIL理论对军事知识内容学习和英语语言学习的意义

CLIL理论源于赫密斯（Hymes）的"交际能力"理论和赫利得（Halliday）的功能语言学理论，Content指非语言学科内容，Language指除母语以外的第二语言或外语。CLIL指在语言学习的过程中通过课程内容的学习提高语言能力的学习。从20世纪60年代西方开始将CLIL理论用于教学，在其发展过程中，吸取了浸没式教学、双语教学、基于内容的教学等多种教学模式的经验。20世纪90年代这种教学方法被广泛地应用于欧洲非英语国家的英语教学中。CLIL教学模式在20世纪90年代初被引入我国，目前理论和实践方面都已取得了较大的发展。

CLIL教学法是语言交际法（communicative language teaching）与任务型教学法（task-based language teaching）的完美结合。CLIL教学强调语言技能的培养不是外语学习的目标，而是学习的途径。教学的重心是学科内容，对军校而言，也就是军事知识的学习和军事素质的培养。CLIL教学的核心是真实性，军事知识是英语语言学习的素材，为语言学习创造了真实的交际情境。因此，可以将核心词汇和句型等语言知识的学习贯穿于军事知识学习中，当英语教学与军事知识教学有机融合时，学员可通过英语来实施真实的交际行为，学习效率要远高于孤立地、纯粹地学习语言的方式，学员的学习兴趣更高，学习效果更好。

3. 基于CLIL的军事英语教学设计、教学策略实施与教学质量评价

英语教学一般可以分为以"教"为主的教学和以"学"为主的教学。这两种教学各有所长，前者注重知识的传输性，强调教员的重要性，以教为主，后者注重自我知识的构建，强调学员的主导性，以学为主。随着时代网络化、信息化的发展，教学手段的多样性以及学员自主学习意识的增强，建构主义和以"学"为中心的教学设计占主要地位。基于CLIL的军事英语的教学设计以"学"为中心的建构主义教学设计为基础，充分考虑教育政策、课程的目标，按照学员语言水平进行教学设计、教学策略的实施和教学质量的评价。

3.1 军事英语教学设计

军事英语教学设计按照课程标准的要求，要求分析教学对象的特点、考虑教学诸要素。军事英语教学设计的目标是学员既要掌握军事专业知识和技能，又要提高英语交流能力。重视学科内容军事知识的培养，切实提高军校学员军事英语的能力，为军队输送贴近部队建设实际需要的人才。

军事英语教学设计的重心应围绕如何体现教育的总体目标，不仅要注重学员各种语言技能和交际能力的培养，更要注重学员军事素养的提高、自主学习和独立思考能力的培养。

3.2 教学策略的实施

教学策略是指在教学过程中，依据学员的实际情况，采用的总的教学思路，要考虑到教学学习和教育理论、教学的内容、教学的对象、教学的客观条件以及教员的素质等因素。军事英语教学中实施教学思路的方式方法有教案的编写、教学方法的运用、教材的编写以及测评方式的选取等。

军事英语教学教案的好坏直接影响教学效果。军事英语教学教案包括教学目标、教学重点难点、教学任务、教学时间的分布、教学步骤、学员活动、课堂小结、课外作业等。军事英语教学的教案既要充分体现以学员为中心的语言教学活动，又要有利于学员有效地掌握军事知识。

军事英语教学根据CLIL理论采用任务型教学法。任务型教学法是以教学任务为核心，重视以学员为主体，教员明确教学目标，引导学员在具体的语境下学习英语语言技能、掌握军事知识内容。

教育部在2007年新发布的《大学英语课程教学要求》中指出："对学生学习的评估分为形成性评估和终结性评估两种。"根据《大学英语课程教学要求》，军事英语教学为了促进学员有效地学习可以采用形成性评估和终结性评估两种形式，形成性评估是指对学员学习过程进行观察、评价和监督，可以采用课堂活动记录、网上学习记录、学习作业记录，以及课外活动记录等多种形式，终结性评估主要包括课程考试和水平考试。

军事英语教材要结合军校学员的学习现状与特点，注重学员军事素养的提高、自主学习和独立思考能力的培养的教育理念，加入军事知识，将最新军事信息介绍给学员，教材应难易适中，与军事专业知识结合，培养学员综合英语能力和军事素养。

3.3 教学质量评价

教学质量评价是教学质量的有力保障，教学质量的评估要考虑多方面的因素，教学质量全面性、客观性、科学性的评估将有效地促进教员改进教学，帮助学员提高学习效率，是一种激励机制。军事英语教学质量的评估，可以从教学设计、教学过程、教学效果三方面进行评价。

教学设计评价是对课程实施的教学大纲、教案、编写的教材、教学硬件的配备等进行的评价，检查教学的基本条件是否完好。对军事英语教学设计的评价可以让教员对军事英语教学大纲、教案内容进行适时调整，编写合适的教材用于教学。

军事英语教学过程的评价一方面检查学员的学习方法、学习态度与学习能力，另一方面是检查教员的教学态度和教学方法。在教学过程中，检查学员学习态度是否积极，能否发现学习中存在的不足，更正自身问题，掌握正确的学习方法。教员有没有注重发挥学员学习的主动性，是否注重培养学员独立分析问题的能力和创新能力，是否培养学员的学习兴趣。

军事英语教学效果的评价，一方面检查学员的英语语言能力是否提高，另一方面检查学员军事知识的掌握情况。另外，还要检查学员分析问题、解决问题的能力是否得到提高，学员的学习兴趣、学习态度、合作精神是否得到培养，学员综合运用知识的能力、创新意识、实践能力、自主学习能力等是否得到培养。

4. 结语

军校学员通过军事英语课程的学习开阔眼界，养成国防意识，培养了文化素质并锻炼了英语语言能力。军事英语教学通过基于CLIL理论的课程设计、教学策略实施与教学质量评价可以极大地提高学员的学习效率，增强学员自主学习能力，保证军校人才培养质量，为国家培养军事素质过硬，英语运用能力强的高素质人才。

参考文献

[1] Clegg J. *Putting CLIL into Practice* [M]. Oxford: Oxford University Press, 2015.

[2] Dalton-Puffer C. *Discourse in Content and Language Integrated Learning (CLIL) Classrooms (Vol. 20)* [M]. Amsterdam: John Benjamins Publishing, 2007.

[3] Ellis, R. *Task-based Language Teaching* [M]. Oxford: Oxford University Press, 2003.

[4] 夏福斌，路平，宋国学. 人力资源管理专业双语教学的设计、实施与评价——基于内容语言融合式教学法[J]. 黑龙江教育，2013（3）.

[5] 徐丽丽. 浅谈我院军事英语课程教学的问题及实践做法[J]. 中国科教创新导刊，2014（4）.

想定作业在《军事英语听说教程》中的应用

王玫 王绡

（陆军炮兵防空兵学院，安徽合肥，230031）

摘要： 想定作业最早应用于军事指挥教学，通过设想作战情况演练战役和战术组织指挥，加深作业者对作战理论原则的理解，提高组织指挥能力。本文从实施想定作业教学的基本特征、实施过程和需要注意的问题三个方面来阐述想定作业在《军事英语听说教程》中的应用，在教学中模拟实战，提高学员用英语开展军事工作的能力。

关键词： 想定作业；军事英语听说；教学模式；军事思维

1. 引言

为适应信息化时代的国际军事竞争，军队要研究和掌握先进的军事技术，参与更多的国际军事合作交流和演习。因此，熟练掌握通用工作语言英语，提供军事英语交流能力已经成为大多数国家军队军事训练和学习的重要内容，作为培养未来高素质人才指挥军官摇篮的军事院校更是责无旁贷。

想定作业最早应用于军事指挥教学，通过设想作战情况进行战役演练和战术组织指挥，目的是加深作业者对作战理论原则的理解，检验指挥员军事素质水平，提高组织指挥能力。2019年，习主席在视察陆军步兵学院时发表重要讲话，明确提出"要立起为战育人鲜明导向"。军报评论员指出"军队是要打仗的，军队院校因打仗而生、为打仗而建，必须立起为战育人的鲜明导向。"作为培养生长指挥军官摇篮的军队院校，把想定作业引入军事英语教学是响应习主席号召，进行院校教学改革的一个重要步骤，特别是在教学"向实战聚焦，向部队靠拢"的教育理念下，想定教学更加凸显出其独特的魅力和优势。

2. 想定作业教学的基本特征

2.1 以实战为背景

随着我军越来越多地走向国际军事舞台，我军参加联合国维和、执行国际人道主义援助、多国军队联演联训、国际军事比武等军事任务和军事合作交流日益增多。面对这些挑战，学员们如何做好准备，提高实际英语交流水平成了军事英语教学的首要目标。因此，想定作业一定要以实战为背景，其主题必然要跟未来战争接轨，以任职岗位需求为牵引，以打赢未来信息化高技术战争为目标，结合非战斗军事行动需求来设定问题。

2.2 分工明确，合作实施

想定任务下达后，学员要了解情况，做出判断，根据想定作业提供的实战背景，运用所学知识，在设想的实战环境中进行分析、比较、演练，从而解决实际问题。无论是分析、讨论、演练和操作，都需要学员们列出详尽步骤、进行角色分工以及合作实施。以往"单打独斗"的学习模式将不复存在，不会合作学习、过分依赖教员的学员将面临极大挑战。

2.3 以学员为中心

想定作业是以学员为主体，无论是规划流程和步骤、搜集资料，还是研讨辩论、提出实施方案，都是学员亲力亲为。教员起到的只是引导、观察和掌舵作用，学员们既要学会合作、沟通、求同存异，又要注重英语表达的流利性和语言组织的条理性，这对学员的沟通、组织和解决实际问题的能力都提出了更高的要求。

3. 想定作业教学的实施过程

一般来说，想定作业教学实施主要包括布置作业、分工合作、情景模拟、小结讲评四个环节。

3.1 布置作业

结合《军事英语听说教程》第五单元 Peacekeeping 和第六单元 Convoy 相关知识的学习，以"共同命运——2021国际维和实兵演习"为背景布置作业。

背景设定：巴方执行人道主义救援武装护卫任务，要把4辆装满食物和医疗设备的卡车由A地护卫至C地，配有3辆装甲运兵车，其中指挥员所在的装甲运兵车位于车队前端。早上7:00从A地出发，11:30在A1休息，预计下午2:00到达C地，中间会途经B地，该地有叛乱分子出没，可能会有武装冲突。2021年9月8日，我指挥中心接到巴方请求，4辆装满食物和医疗设备的人道主义救援车队在B地受到叛乱分子伏击，一人受伤，一人昏迷，巴方请求战场医疗救护。

3.2 分工合作

课前，教员将想定作业下发给学员。接到任务后，学员首先学习课本上有关任务部署、武装护送、无线电通联用语、战场救护等英语表达方式，总结出需要练习的知识点，记录关键信息和节点，如时间、地点、坐标、气象、地形、需要哪些医疗物资以及救援手段和工具等，并通过视频、纪录片、电影等多种渠道进行学习更多的英语表达方式。其次，以小组为单位，具体分配角色，并从网上搜集查找"共同命运—2021国际维和实兵演习"相关资料，了解到这次多国维和实兵演习是我国政府和军队以实际行动践行多边主义、推动国际维和合作、推行构建人类命运共同体的务实举措。

3.3 情景模拟

经过细致缜密的分工、练习后，各小组以"情景再现"的形式还原想定作业任务，要求小组成员全程使用英语进行交流和互动，可以借鉴课本上的英语句型，必要时可以借助手势、代码和图画。此外，为了公平起见，考虑到小组成员的参与度和职责分担，各组选出 1 名学生代表与教员组成评审团，根据各组解决问题程度、知识点掌握以及对语言运用娴熟程度进行打分，并由每组推选一位代表向全班陈述分析报告，做总结性发言。

3.4 小结讲评

小结讲评是想定作业教学过程中不可或缺的一部分，及时、客观、正确的小结讲评，既能总结好的经验，又能鼓舞人心，激发学员学习的干劲和兴趣；而不当的讲评，不仅起不到鞭策作用，还可能打击学员的积极性，与教员的初衷背道而驰。因此，小结讲评是把"双刃剑"，在讲评过程中注意方式方法。在该阶段，教员的主要任务是重述想定作业的目的、注意事项、主要任务、重难点以及需要运用的英语表达句式等，及时反馈学员的表现，激励学员。此外，教员可以要求学员撰写小结报告，反思自己在活动中的参与情况以及出现的问题，从而更好地了解自己，为下一步的学习定下目标和计划。

4. 想定作业教学中需要注意的问题

把军事上想定作业引入军事英语教学是一种尝试，其组织形式、角色分工、实施方法等方面与军事指挥教学自然无法同日而语，但其工作原理、实施方法、组织形式和解决问题的思路给改进军事英语教学提供了很好的借鉴方式。在把想定作业教学引入和实施过程中，也发现了一些问题，需要在以后的教学过程中多加完善。

4.1 教学时间较长

这是把想定作业模式引入军事英语教学遇到的最大问题。由于受到课时和军事院校特点制约，无论是想定作业的布置、解释流程和步骤，还是学员查找资料、讨论研究、排练演示等操作，都占用了学员很多课上和课余时间，导致有些单元无法按照教学大纲计划实施，教员需要课后补课，给教员和学员都增加了劳动量。

4.2 对教员要求更高

由于想定作业教学首先是以实战为背景，要求教员们除了完成大纲规定的内容外，还要熟悉想定作业的实施流程，设计出完美的脚本，提出更多更好的解决方案。同时，还要求教员要多关注现实政治问题，敏锐地把握热点潮流，具备高度的国际政治前瞻性以及更高的国际化视野，最好有参战经验，才能高屋建瓴，紧贴实战需求。

5. 结语

把想定作业引入军事英语教学不是一个一蹴而就的事情，想定作业的计划安排不仅要注重实用性和针对性，更应当具有引领性。以实战为背景，以未来信息化高技术战争和非战斗军事行动设置条件，以学员为主体，以夯实和提高学员岗位需求能力和素质为目的，以锻炼学员合作沟通、解决实战问题为导向是实施想定作业的基本要求。因此，探索和研究想定作业，准确把握想定教学的基本特征，注意防范想定作业教学中出现的问题，理论联系实际，实行差异化和有针对性的教学模式，对提高学员学习能力与教员组训能力起到十分重要的作用。

参考文献

[1] 程子砚. 军事英语教学中存在的问题及对策[J]. 文学教育，2016（9）: 167.

[2] 郭妍. 想定作业结合情景表演在预选卫生士官诊断学基础教学中的探索及评价[J]. 中国高等医学教育，2017（9）: 82-83.

[3] 李大晓. 想定教学应把握的问题研究[J]. 继续教育，2015（5）: 54-56.

[4] 马宁. 想定作业教学法在公安民警培训教学中的应用[J]. 法制博览，2017（11）: 237-238.

[5] 曾祥娟. 案例教学法在军事英语教学中的运用[J]. 海外英语，2013（1）: 109-110.

[6] 邹红霞. 想定作业教学法在非指挥类专业教学中的研究与应用[J]. 继续教育，2012（9）: 55-58.

"对分课堂"教学模式
在基础英语课程中的应用研究

黄 川 范 丽
（原信息工程大学洛阳校区，河南洛阳，471003）

摘要： 本文首先对本校基础英语课程的特点进行分析，指出当前教学中存在的问题，然后利用"对分课堂"教学模式的基本框架和理念，分析其在基础英语课程教学中的实际运用，以期科学发挥"对分课堂"的效果和收益，对该课程的现实教学进行更为合理的设计，从而有效夯实英语专业学员的基本功、提高学员的综合学习能力。

关键词： 对分课堂；英语专业；基础英语

1. 引言

"对分课堂"是近年来较为流行的教学理念和模式。在"对分课堂"中，教师的理论讲解和知识讲授只占一半的课堂时间，其余的课堂时间则交给学生，体现出以学生为主体的教学理念。"对分课堂"将课堂中的"即时讨论"改为"延时讨论"，从而有效提高讨论质量、提升教学效率和效果。对分课堂把教学刻画为在时间上清晰分离的三个过程，分别为讲授（presentation）、内化与吸收（assimilation）和讨论（discussion），也可简称为PAD课堂（PAD class）（张学新，2017: 4）。这种教学模式已经引起了国内教育学界的广泛探讨。笔者以本校基础英语课程为例，分析研究"对分课堂"教学模式在大学英语专业教学中的运用。

2. 基础英语课程的特点

基础英语是为我校英语专业本科一年级和二年级学员开设的专业教育必修课，是英语专业授课体系中不可或缺的一门基础性核心课程，对英语语法知识、阅读理解、写作、听力甚至口语都起着极其重要的作用。然而，基础英语教学当前也存在一些问题。首先，课程的理论课时和实践课时分配不平衡。受教学总学时的限制，学员基本上只能在课堂上进行语言实践，而教师只能在有限的时间内勉强完成教学任务，难以帮助学员进行深入的技能训练。其次，部分授课教师的讲授重心存在偏差。在基础英语教学中，教师往往对篇章结构和语言点讲解较多，对文章主题的升华、典型知识的拓展、阅读方法的传授重视程度不够。第三，师生互动不够。在现有的基础英语教学模式下，教师的理论知识讲解和学生的课下复习吸收存在断档，容易造成学员被动学习，参与度不高，积极性受挫。因此，如何增强学员在课堂上的互动与参与，调动学员的积极性，这些问题都需要我校英语教师深入思考和进一步研究。在此，笔者尝试在基础英语教学中引入对分课堂模式，探讨这一教学模式是否能够给英语教学带来一些积极的改变。

3. "对分课堂"的性质与特点

"对分课堂"简而言之，是把教学时间一分为二，理论讲授占一半课时，学生讨论和自主学习占一半课时。实质上，它是在教师理论讲授和学生交流讨论之间加入了对所学知识进行内化吸收的重要环节，为学生进行有效探讨提供重要支撑。对分课堂的讲授、内化和讨论三个阶段，可以更细致地分为六个环节：讲授、独立学习、独立做作业、小组讨论、全班交流和教师点评（沈红伟，2018：10）。对分课堂一般有四种基本教学模式。1）展示模式：该模式的目标是传递知识和规则或学习目标，因此主要突出理论讲授的单向性。2）独学模式：该模式的目标是完成知识的理解和消化。从行为上看，也包含把消化吸收的知识转换为外在的成果（杜艳飞、张学新，2016：116）。3）对话模式：该模式的目的是对理论知识讲解中的重点或难点进行交流，加深理解。对话也包含一些展示性的行为，比如，向对方展示部分学习材料，但由于双方的互动性强，这些行为不能归结到展示模式中（陈湛妍等，2017：33）。4）讨论模式：该模式的目的是进行多视角的思想交流和观点碰撞，在讨论中教师可以选择参与或旁听指导，参与者也有可能进行内容展示，但由于互动性强，这些行为不能归结到展示模式中（孔冉冉，2016：139）。

4. "对分课堂"在基础英语中的运用

下面以本校教材《新编英语精读教程》第一册第四课"Mysteries of the World"为例（李经纬，2003：57），简介基础英语的课程教学设计，体现对分课堂在基础英语课程中的应用。根据课程设置，每课分四个单元（八个课时）进行讲授，每个单元的课程安排与设计如下：

第一单元：课文分析与讲解

教学目标：掌握相关单词和短语，对课文所涉及的世界之谜有所了解，能够通过查询相关资料对某些自然和科学现象进行客观合理的描述与判断。

课程设计：采用"隔堂对分"方式。前一个课时由教员对课文进行串讲，在讲授环节，教员基本上不向学生提问，也不组织讨论，而是通过单向讲授介绍教学内容的重点和难点；后一个课时由学员小组在课堂上做英语口头汇报，将课文中涉及现象的背景、起因及相关解释进行简要介绍。

第二单元：语言点讲解

教学目标：掌握重点单词和词组，利用讲解的单词和短语灵活造句，做到举一反三。

课程设计：采用"当堂对分"方式。教师前一个课时将重点单词和词组进行分析讲解，后一个课时将学员分为三个小组，讨论主要是针对教员上次课的讲授内容和学生在内化阶段的学习结果进行，每一小组还要推选一名学员到讲台上当老师，讲解自己选择的2至3个语言点。

第三单元：练习讲解

教学目标：巩固本课所学内容，以多样的练习形式锻炼综合能力

课程设计：采用"隔堂对分"方式。在讲解课文练习前，要求学员分组先进行讨论，每组选出一名学员作为负责人，监督其他学员练习完成的情况，同时记录意见不一致的问题和难点，教员在上课过程中针对该难点进行重点讲解。在后一个课时中，教员将难度较低的练习分别指定给各个学习小组，学员互相答疑、互相启发、取长补短，把普遍性的问题记录下来，由小组选择代表进行讲解，教员做适当的补充和点评。

第四单元：复习与小测

教学目标：复习本课所学内容，考核掌握程度

课程设计：采用"当堂对分"方式。在课文背诵环节，给每一名学员背诵的机会，教员还会对平时发言不够积极的学员给予更多的关注，鼓励其多上台背诵。在后一个课时中，教师将学员分组，学员在小测结束后互相之间进行纠错，教员进行总结和点评。

5. 初步成果

一、学员的主体意识有所提高。在平均两周一次的英语报告和课文讲解等学习任务中，学员能够总结出自己感受最深、受益最大、最为欣赏的内容和别人分享。他们把每次上台讲解都当作一种风采的展示，在报告材料的筛选、展示课件的制作以及文章讲解的编排方面不断进步，培养了"我的任务无差错"的敬业态度，锻炼了自己的勇气和信心。

二、学员的学习更加投入。学员上课的注意力更加集中，能够更主动地与教员配合，积极参与师生互动，在讨论中求助于教员或同学，自主学习能力得到了充分锻炼。此外，建立了学习小组后，学员的任务分工更加明确，目的性更强，成立了材料收集小组、材料整编小组以及风采展示小组，每个学员轮流担任各小组的成员，综合能力得到了较好的锻炼。

三、班级气氛更加和谐。在对分课堂中，教员有更多时间帮助每一位学员找出自身兴趣点与优势，学员也更加愿意通过各种方式和教员进行沟通交流。此外，学员在每周都能在材料收集整编和展示小组中担任不同的角色，和其他学员之间的接触也更多。学员相互的默契程度也有了明显提高，这种良好的班级氛围为专业学习提供了有力的外部环境。

6. 结语

综上所述，对分课堂虽然并未在现代教育技术手段上有重大创新，但其灵活有效的运用能够对高等教育，尤其是英语教育有着积极的推动作用（王明媚，2016：68）。在日益开放的课堂，英语课程应该与外界接轨，充分吸收先进的教学内容、教学方法和教学理念。与传统课堂相比，对分课堂模式在教员角色、学员角色、教学方式、课堂上关注的焦点、学习新知识的方式以及教学效果侧重点等方面都有着深刻的变化（孙红叶，2016：175）。当然，对分课堂在教学中也有一定的局限性，比如不太适用于专业领域的一对一课程，因为这种课程面对的是高水平的专业人才，学生之间的个体差异很大，教师必须一对一地进行指导，因此缺乏建立小组的条件。不过这种模式属于个别教学，不是大学英语专业教育的主流。在以班级授课制的课堂中，教员可以科学使用对分课堂教学模式，提高学员对人文和科学知识的兴趣，针对学员的不同特点，分类指导，因材施教，提高学员的综合素养，充分利用各种教学资源，切实夯实学员的英语基础，培养具备优秀综合素养的外语人才。

参考文献

[1] 陈湛妍等. 对分课堂之大学英语 [M]. 北京：科学出版社，2017.

[2] 杜艳飞，张学新. "对分课堂"：高校课堂教学模式改革实践与思考 [J]. 继续教育研究，2016（3）：116-118.

[3] 孔冉冉. 基于"对分课堂"的大学英语课堂教学模式初探 [J]. 兰州教育学院学报，2016（7）：138-140.

[4] 李经纬. 新编英语精读教程（第一册）[M]. 西安：西安交通大学出版社，2003.

[5] 沈红伟."对分课堂"研究及其对大学英语教学的启示[J]. 英语教师，2018（20）: 9-12.

[6] 孙红叶. 对分课堂在大学英语教学中应用的可行性分析[J]. 理论观察，2016（4）: 174-175.

[7] 王明媚. 对分课堂在大学英语课程教学中的实践与反思[J]. 高教论坛，2016（8）: 66-68.

[8] 张学新. 对分课堂：中国教育的新智慧[M]. 北京：科学出版社，2017.

基金项目：战略支援部队信息工程大学2022年教育教学项目"'对分课堂'教学模式在基础英语课程中的应用研究（JXYJ2022C058）"。

军事外语教学资源与工具

"双重"课程和教材建设的设想与实践：以"开源信息跟踪与研读"为例

李景泉

（国防科技大学，江苏南京，210039）

摘要："开源信息跟踪与研读"是我校"双重"课程教材建设项目。本文基于过去六个学期的建设实践，从建设思路、教材编写、教学实践、经验教训等四个方面，介绍了课程建设和教材编写方面的设想和实践，总结了本课程的教学模式、教学方法和经验教训，以期为兄弟院校建设同类课程教材提供有益的参考。

关键词："双重"项目；课程和教材建设；"开源信息跟踪与研读"课程；英语教学

1. 引言

当前，开源信息的作用和价值与日俱增。国外学者和有关机构在开源情报（OSINT）领域做了大量理论研究和实践探索。Bielska et al（2018）等论著较为全面地介绍和分析了开源情报涉及的工具和资源等问题。Dover（2020：852）指出，美国情报界的开源情报工作强于英国的同类工作，而Gioe et al（2020：888）指出，开源情报还有很多众所周知的实用性。同样，国内开源情报研究也取得了丰硕成果，比如李健（2018）就系统全面地探讨了开源情报理论，详细介绍了多领域开源情报的来源。从国内外开源情报研究来看，开源情报越来越受重视，有必要引入英语专业课程体系。

多年来，我校在英语专业四年级开设英语时事文章选读类课程，课程名称于2019年确定为"开源信息跟踪与研读"。在"双重"建设框架下，课程教材建设项目组于2020年启动了建设进程。经过三年的探索，项目组认为，有必要对建设思路、教材编写、教学实践和经验教训进行梳理，为同类课程教材建设提供有益参考。

2. 建设思路

要建设新开主干课程和配套教材，就要明确建设思路。建设伊始，原有的同类教材早已过时，学生学习这些内容时，对于这些时效性不强的内容不感兴趣。为解决这一现实问题，项目组在互联网上跟踪了一些重要网站，搜集整理了与国家安全、地区热点、战略方向等有关的资料，陆续汇编成专题读本，印制成小册子后下发给学员研读，并在课上试用，深受学员喜爱。

在前期教学实践和研究的基础上，项目组多方征求意见，确定了本门课程和配套教材的建设思路："产学研三位一体"，牢牢把握国家安全战略方针，以"教材建设双重项目"为依托，以编写符合课程性质定位的教材为抓手，以培养新型作战力量为指向，以大力提升新质战斗力为目标，编写符合英语专业四级年学员英语水平的若干专题读本，首先解决课程缺乏可跟踪研读、时效性强的教材问题，然后不断结合时事动态进行更新，并在教学实践中探索线上线下混合式教学模式，为学生迎接首任职岗任职挑战奠定基础。

3. 教材编写

新开课程没有配套教材，必须自己编写。因此，项目组秉承"使用方便、高效快捷"的原则，要在最短时间内拿出方便使用、针对性强的教材。根据前期摸索，授课老师利用互联网搜集了朝鲜半岛和中美贸易摩擦方面的材料，编写出了《朝鲜半岛问题》和《中美贸易摩擦》两个专题读本并试用。学生在阅读最新的材料时，热情高涨，主动性很强。

在实践探索基础上，项目组决定按照重点专题和时事热点搜集英语资料，然后编写专题读本，每年更新三分之一。在选材过程中，重点关注时效性、连续性和可跟踪性三个方面，选择与国家主权、安全和发展利益密切相关的专题，目标是编写出解决现实教学需求的若干专题读本，使学生接触到更多与工作对接的话题，使其熟悉相关领域的核心词汇和英汉两种语言的表达习惯，做好关键词提取、内容提要撰写、全文翻译和编译整编等工作。

目前，项目组经过三年的努力，已编写出《朝鲜半岛问题》等10个专题读本。每个读本基本要素如下：封面、前言（导读）、目录、学习指南和具体文章。同时，为保持教材活力，项目组正在搜集整理其他重要专题材料，比如"新冠病毒疫情与国家安全"和"境外针对我军的动态研究"。

4. 教学实践

有了教材以后，就要关注课堂教学。根据过去三年的教学实践，英语专业"开源信息跟踪与研读"课程的教学模式已初步形成，即"学生课后研读为主、跟踪为辅；老师引导组织为主、讲解点评为辅"。

每个专题的基本授课模式是：第一次课由老师做总体介绍，明确学习本专题要掌握哪些要点，研读材料时需注意哪些问题，跟踪最新进展时从哪些角度入手，课堂展示环节如何组织，作业内容和提交等问题；第二次课由老师带领学生深入文本，师生有效互动，从重点词汇、人物、组织机构、历史背景等方面，初步覆盖该专题的基本知识点，澄清学生对相关内容的模糊认识，纠正学生在政治立场、英汉两种语言表达方面的错误认识，提出在专题读本基础上开展进一步跟踪研读的具体要求，以便学生课后开展相关工作，做好汇报展示相关准备；第三次课由学生分组汇报跟踪研读的成果，老师对相关内容进行点评，学生上交各项作业材料，包括音视频、PPT课件和配套讲稿、汇编成册的英文专题读本和每个学生自拟题目的中文分析文章。

课程教学离不开考核。本门课程采用形成性评估方式，每个学期按照平时作业、课堂测试和期末考试各占不同比例的形式综合评定课程成绩。

根据这种从教学实践中摸索出来的教学模式，即便将来这些材料失去时效性，学生仍可据此跟踪，并将搜集到的新材料汇编成新的教学材料，实现教材的动态更新。形成性评估方式也促使学生认真对待每次作业和课堂测试，从而体现"练为战"的实战化训练理念。这种教学模式和评估方式的好处是，改变了传统上课老师满堂灌的做法，学员参与度高，在做中学、在学中做，"自主学习"和"翻转课堂"等先进教学理念得以运用，再加上授课老师讲解和演示互联网信息检索技巧，充分体现了线上线下混合式教学模式的优势，大幅提高了学员动手搜集、跟踪研读、研究分析开源信息的能力。总而言之，本课程的教学实践贯彻了"产学研三位一体"的设计思路，有效调动了教学双方的积极性和参与度。

5. 经验教训

"开源信息跟踪与研读"课程紧贴现实需求，将课堂教学和未来外语战场紧密对接，取得了下列四条主要经验教训：

一是课程教材建设需要团队合作。过去三年，大部分时间只有一名主讲教师开展教材编写和日常授课工作，后期有两名年轻教师参与了教案撰写和课件制作工作，因此任务推进也受到了一定影响。

二是课程教材建设缺乏外部专家指导。虽然项目组在本单位征求了同行意见，但一线单位对开源信息的动态要求不得而知。因此，将来应邀请外部专家对课程教材建设提出针对性意见或建议。

　　三是专题读本离公开出版的要求有差距。虽已编写出10个专题读本，解决了现实教学的紧迫需求，但这些读本还达不到出版要求，比如未编写词汇表和索引等等。这些问题需要今后逐步解决。

　　四是学生缺乏足够的实战化模拟演练。四年级学生毕业前要参加模拟演练，有些学生不知道从哪里能找到有价值的信息，不知道怎样快速免费获取网上信息。这直接反映出日常训练不足，学生未能很好地达到预期训练效果。

6. 结语

　　本文以"双重"课程教材建设项目"开源信息跟踪与研读"为例，根据过去六个学期的教学实践，介绍了建设思路、教材编写、教学实践和经验教训，提出了针对性解决方案，为同类课程教材建设提供了有益参考。

参考文献

[1] Bielska, A., Anderson, N., Benetis, V. and Viehman, C. 2018. *Open Source Intelligence Tools and Resources Handbook* [M]. https://i-intelligence.eu/uploads/public-documents/OSINT_Handbook_June-2018_Final.pdf (2021年9月20日读取).

[2] Dover, R. Adding value to the intelligence community: What role for expert external advice? [J]. *Intelligence and National Security,* 2020, 35(6): 852-869.

[3] Gioe, D. V., Hatfield, J. M. and Stout, M. Can United States intelligence community analysts telework? [J]. *Intelligence and National Security*, 2020, 35(6): 885-901.

[4] 李健.《开源情报研究：理论与实践（2019版）》[M]. 江阴：知远战略与防务研究所，2019.

基金项目：战略支援部队信息工程大学课程建设大学级精品项目"开源信息跟踪与研读（英语）（KCJS2020A004）"、信息工程大学教材建设校区级双重项目"开源信息跟踪与研读（英语）（JCJS2020B007）"和信息工程大学混合式教学模式改革第二批试点项目"'开源信息跟踪与研读'课程混合式教学模式改革研究"

产出导向法视域下大学英语系列课程形成性评估中的手机应用程序和小程序运用研究

焦新平

（国防科技大学，湖南长沙，410072）

摘要：如何提升信息化时代学员英语听说、阅读、写作和跨文化思辨能力，是摆在军校英语教师面前的迫切课题。本文以产出导向法为切入，研究利用小程序"班级小管家"和手机应用"U校园"布置、引导、记录、检查和点评英语产出，以检验以上理论和工具在我校的可行性。

关键词：产出导向法；大学英语；形成性评估；应用程序；小程序

1. 引言

移动互联网技术给教育带来便利。信息化背景下，课堂教学和网络相结合要考虑最优化、自主学习和多互动原则（徐翠波，2020：31-32）。另一方面，大学英语教学法受西方教育理念影响较大，往往没有充分考虑中国学生英语学习特点和环境。结合中国实际，文秋芳（2015）构建了产出导向法（Production-Oriented Approach）。本文探讨在产出导向法的指导下，结合军校实际，利用小程序"班级小管家"和外研社"U校园"App，布置、收集、统计和评阅作业，评估该教学理念和以上信息技术在大学英语听说等课程中的运用效果和存在的问题。

2. 理论介绍

"产出导向法"包含教学原则、教学假设和教师的教学。教学原则包括"以学习为中心""学用结合"和"全人教育"，教学假设为"输出驱动""输入促成"和"选择性学习"。教学过程包括三个阶段：激励、促成和评估，每个阶段都由教师进行协调。三个原则为其他两个组成部分制定了指导方针；三个假设作为教学过程的理论基础；三阶段的教学过程检验假设并解释这些原则（文秋芳，2016：1-15）。文秋芳（2017：348-358）揭示了"产出导向法"的特色：1）融合课程论和二语习得理论；2）坚持"实践是检验真理的唯一标准"；3）对症下药，综合施策；4）强调教师的主导。文秋芳（2015）认为产出导向法主要运用于欧框（2009）A2或以上级别学习者。

产出导向法（POA）是中国外语教学领域近年研究的热点之一，在国内外产生了广泛的影响。移动互联网环境下的外语教学技术和产出导向法的结合日益受到关注。当前，英语教学中手机和小程序也大量应用。然而军校的相关研究尚不多见。本研究重点探讨在大学英语系列课程中如何有效融合产出导向法和信息化平台，从而开展对学员英语学习的形成性评估。

3. 研究设计

3.1 课程和学员概况

1. 2021年春季《大学英语听说》课：两个班共78人，A7班34人，A107班44人。

2. 2020年秋季《跨文化交际》课：1个班共121人。

3. 2021年春季《英语科技论文写作》课：两个班，共93名。

3.2 教学设计

1. 驱动环节：利用班级小管家小程序和外研社U校园App或者微信群等方式建立网络教学班，学生加入相应班级后，及时布置并发布作业，明确完成时限和任务要求。

2. 促成环节：通过微信群等途径发布相关学习资源，供学生选择性学习。老师对选用学习资源、采用学习策略、分解学习任务、分组讨论和展示、个人发言等提供合理建议和答疑解惑，发挥教学支架作用。

3. 评价环节：通过班级小管家、U校园、微信群和面对面等途径，采用师生、生生、人机互动等多种方式，对写作和分组讨论、单人汇报、演讲等活动进行及时或者延时的评价。

3.3 研究问题

1. POA教学法对于学员英语听说、跨文化交际和英语科技论文写作能力有无提高？

2. 各类App和小程序相对于传统作业布置和评阅方式对于提升学员作业完成自觉性和认真程度是否更加有效？

3.4 研究工具

在本研究当中，班级小管家主要用于跨文化交际，英语科技论文写作和大学英语听说课程输出任务的布置、存档、统计和辅导点评。外研社U校园用于布置大学英语听说课程的每个单元听力作业和单元测试。

在明确输出目标和任务之后，经过输入赋能和老师讲解明示（elaboration），让学生根据任务要求分组展开讨论和练习，合作完成任务。在这过程当中，老师发挥facilitator和mediator的作用。同学展示汇报后老师给出建议和意见。

有的任务需课后完成，就通过小管家小程序发布，在规定时间内要求学员及时认真完成并在下节课集中点评。另外，还可在开学之初通过小管家收集学生对课程的需求。对于有疑问的学员，利用微信等方式展开课后辅导答疑。

在评估方面，形成性和终结性相结合。用期末考试和平时作业、课堂观察等手段来评估学员整个学期课程表现。

4. 研究结果

4.1 班级小管家

4.1.1 听说第八单元作业输入促成

阅读并讲解教材P162公共演讲技能：如何发表获奖感言（Acceptance Speech）。在小管家平台向学员明示感言发表场合和目的。指出获奖感言四个语步（move）：Express gratitude, State the honor of being recognized, Mention the competition 和 Share the praise。最后请学员欣赏P162的范文。

4.1.2 听说第八单元小管家产出举例

学生：申 **

Out of interest and love for robots, my team and I signed up for this competition and got good results. First of all, I would like to thank my team, without their repeated attempts and tireless improvement, our work would not have achieved such a result. Secondly, I'd like to thank our tutor, Mr. Booth. He gave us many suggestions and patiently guided us as we designed and realized our work. He has contributed greatly to our success. Finally, I want to thank my parents. It is they who support my study and research.

Exploration on the road of science is full of difficulties, but also full of joy. In the failure again and again, we have been discouraged. But I also got a lot of satisfaction when I became more and more comfortable with my teammates and got closer to the results we wanted. I feel so excited and proud to be selected as the first prize. I learned that ranking and achievements are not the most important. The most important thing is sincere love for science and the ability to make continuous progress. As the old saying goes, where there is a will there is a way. That is the key to our success.

This honor is inseparable both from the school's careful cultivation and the country's attention to the robot. China must develop science and technology vigorously if it wants to gain strong competitiveness. The strongest force for scientific research in China is our young people. I would like to congratulate all the winners and hope that together we can continue to work on this path and inspire more students to join us.

Thank you for your listening!

除了演讲文本以外，在班级小管家小程序上还有演讲音频。

4.1.3 作业质量实时检测

课上或者课后及时抽查小管家平台作业，发现质量不高时，及时要求学员订正。如：要求学员找一篇自己专业领域的公开发表的英语书评，仔细阅读并标注以下内容：组织、文体、表扬、批评、强化副词、模糊限制语、态度标记语、人际互动语、自我引用以及相关的评价语言等信息。但是在课堂上发现有部分同学只上传了文章，没有任何标注。老师要求学生当场订正。

4.2 U 校园

学生可以依托 U 校园开展单元自主听力学习和测试。老师提前对每个单元的必修内容以及完成的时间期限做出设置，并在微信群告知单元统计情况。

4.3 微信答疑

有时候课后学员有学习或者知识的疑问，比如，英语学术论文写作中的引用和参考文献格式和数字、标点等用法，通过微信询问教师。教师在看到之后第一时间回复。

4.4 期末成绩

期末成绩含形成性评估和终结性评估内容。在很大程度上，反映了学员一个学期来的学习态度和任务完成情况。下面是三门课程的期末成绩统计。大学英语平均成绩：A7班77.8分，A107班79.9；优秀率：A7班2.9%，A107班0%；及格率：A7班94.3%，A107班97.7%。两人听写满分，1人写作满分。1人进入全年级前30名。3人不及格。跨文化交际平均成绩83.4，优秀率24%，及格率95%。英语科技论文写作平均成绩85.2，优秀率25%，及格率100%，其中6班的教学在2021年春季军队院校教学质量常态化检测中评估结果为优秀。

5. 讨论

　　通过实验我们发现：产出导向法有机融合英语教学APP和小程序，能够解决英语课程班级规模大、课程门类多、学习档案整理分类统计等工作，加强师生互动，因材施教，有效地提升学员英语听说、跨文化交际和英语科技论文写作能力，促进学员养成良好习惯、提升学习认真程度。但是部分学员不能第一时间阅读作业信息。另外少量学员设置成免打扰，这就需要老师通过课代表或队干部提醒。此外，小程序和U校园等平台学习任务的布置要避免过多过难。老师要及时观察完成情况，记录优秀和不足，进行有针对性的点评。

参考文献

[1] 文秋芳. "产出导向法"的中国特色[J]. 现代外语，2017（3）：348-358，438.

[2] 文秋芳. 构建"产出导向法"理论体系[J]. 外语教学与研究，2015（4）：547-558，640.

[3] 徐翠波. 基于"超星学习通平台"的大学英语"产出导向法"教学模式研究[J]. 校园英语，2020（1）：31-32.

军事英语教材有效使用中的
教师ESP中介作用探索

汪静静　黄　莹　邵　妍

（海军工程大学，湖北武汉，430033）

摘要： 军事英语教材突出专门用途英语（ESP）教材和教学特色，其有效使用和教学质量提升需要以外语教师为主导，发挥中介作用。本文探索军事英语教材的有效使用，聚焦教师的中介作用落实。教师中介作用的发挥需要以ESP理论为指导，深刻理解教材编写理念、内容体系等要素，创新以学生为中心的教学设计，落实军事英语教材的有效使用和有效教学。

关键词： 军事英语；教材；中介作用

1. 中介理论与军事英语的教师中介作用

1.1 中介理论简述

"中介"概念在社会互动学习理论中占有重要地位。苏联心理学家维果茨基和以色列心理学家及教育家费厄斯坦（Feuersein，1991）提出中介作用理论。理论认为中介者（父母、老师、同伴）在学习者发展过程中起着重要作用。中介作用使用"工具"帮助学生提高知识技能，最重要的工具是语言；其实质是在学习者的认知发展及学习的过程中，中介者采用最有利方式，促进学习者认识水平向更高层次发展。由此可见，教师在语言知识技能教学中扮演着不可替代的中介作用（郝鸿耀，2007）。

中介理论指出，中介者与仅作为信息传递者的教师之间存在根本区别。主要表现在：第一，中介作用是赋予权力，是教师发挥主动性和驱动力，帮助学生获得发展、学会学习、处理问题、适应变化，应对挑战所需要的知识、技能和策略，以及培养学生获得自主学习和独立思考和解决问题的能力；第二，中介作用强调中介者和学习者间的互动、学习者的积极参与、学生对教师中介作用的反馈；第三，中介作用强调学习者不仅可以自主获取学习资料，中介者应该以多种方式帮助学习者与学习资料之间建立互动，直到学习者能够真正实现自主性。

由此可见，中介理论的中介者强调通过各种途径对学习加以积极介入、刺激和干预。中介者本质作用体现在尊重学生个性，选择和运用最佳刺激，最有利于促进学习的方式来呈现和校验这些刺激，最终构建教师、学生和学习任务三者间的闭环式、富有价值的动态平衡。

1.2 军事英语的教师中介作用

依据中介理论，军事英语正需要教师的"中介者"角色，本文结合教学实践及问卷调查阐述以下理由：

第一，学生具备较强的EGP（English for General Purpose，通用英语）语言习得认知和能力，在军事英语方面无体现。军事英语学习动机还处于较粗犷、低层次的语言习得认知，但聚焦职业需求，符合ESP理据（English for Specific Purpose，专门用途英语）。因此，军事英语有效教学首先需要教师准确理解和把握军事英语ESP本质属性，锁定专门需求的中介定位。教师一方面需要充分认识、尊重和利用学生对军事英语的学习动机优势；另一方面，需要在教学过程中帮助学生通过学习活动真切领会到军事英语学习的现实和长远意义。

第二，军事英语术语是学生的最大困难，似乎回到初学者状态，但鉴于较高的EGP语言习得认知只能视其为假定初学者（false beginner），表现为极为有限的词汇量，缺乏相关词汇知识和习得能力。问卷调查显示学生能够较明晰地表达EGP与军事英语词汇在语境和语义方面的差异，以及在语义、拼写、搭配和语境方面有词汇习得困难。这表明教师可以积极引导学生迎难而上，确定目标，采取针对性方法战胜挑战。另一方面，学生总体上认为军事英语词汇习得依赖课堂教学环境。这表明，教师仍需要积极发挥中介作用，在充分利用学生自主和合作能力的基础上，创设以学生为中心的教学活动，促进学习共同体中个人和集体的共同提升。

2. 中介理论在军事英语教材有效使用中的运用

2.1 紧扣教材内容体系，筑牢学习者军语意识

教师首先可以结合英语在我军涉外任务中的应用作为初始案例，引导学生认识军事英语的价值。其次，基于教材军事主题，教师需要注重紧密结合、合理使用军事典型历史事件、代表人物、时事新闻等具体案例在教学活动中培树和增强学生的军语意识。第三，教师可以将主要军事大国做相关主题的对比和关联，减少真实语料、军事新知识和语体障碍带来的焦虑和受挫感，也开阔学习视野，培育军事英语学习的职业和使命意识。

2.2 依托教材，选择直教词

军事英语是EGP若干变体之一，具有独立的语体特点和教学规律。这是军事英语教师必须思考和重视的起点。词汇能力是关键，需要从了解、研究军事术语教学规律入手帮助学生减少对新事物的焦虑。

ESP本质属性通过专门词汇、专门短语、专门性句群、特定专门的思考方式、特定表达方式、相同的行为实践方式，这些要素体现（崔凌，2015：15）。军事英语具有其独有的句法、篇章、文体等方面的语言特点，所以需要专门的训练才能掌握和应用（周大军，2012：91）。本文认为军事英语词汇习得也因此依赖课堂教学；或言之，教师格外需要努力实现课堂教学能够发挥的有效显性作用和目标（张萍，2020）。

教师依托教材，突出军事英语重点词汇，即直教词，一方面包括EGP与ESP相通的基础词汇及军事英语特有的专业基础词汇。直教词的确定影响教学计划的制定和执行。直教词选择的数量和标准是需要考虑的两个问题（马广惠，2016）。另一方面，直教词也包括基于教材军事主题的核心词汇；这些词汇直接关联主题知识的学习和能力培养。

2.3 以学生为中心，创新教学设计

ESP研究围绕特定专业的教学和课程实践进行具体描述和论证，也包含在ESP课程与教学素材的设计等具体做法（Basturkmen 2010）。"以学生为中心"是现代教育的基本理念；在以学生为中心的英语课堂教学中，教师的中介作用更加重要（杨华堂，2006：29）。在军事英语词汇课堂教学中的实践表现为围绕直教词创新教学设计，采用灵活多样的词汇教学方法。

第一，区别知识性词汇和技能性词汇的教学设计，避免将两者颠倒或混为一谈。同时，不拘一格地科学设计具象或抽象的词汇习得教学方法，营造积极向上、宽松活跃的课堂氛围，重视学生的课堂参与，让课堂活动成为成功的体验而不是失败的经历。以多采用文字描述与讲解的知识性内容为例。采用化繁为简、输入与输出相结合的办法，通过突显直教词、知识提纲和图解等方式呈现知识性教学内容。但是，课堂词汇教学的呈现方式需要根据学习者语言水平、词汇教学的侧重点、具体词的掌握程度而适时调整（张萍，2018：55）。

第二，对于讲授新知识和提升新语体技能的军事英语词汇课堂教学，小组活动设计发挥关键作用。教师需要尊重和充分利用学生对听说能力提升的期待，借助新知识和直教词设计课堂小组活动，提高学生参与度。活动目的在于创设听说交际情景，提供实训机会，在应用中提升军事英语词汇认知和能力。

第三，重视测试设计、开发及反馈的积极作用。语言测试的目的在于搜集学习者的语言行为，为描述与判断这种语言行为提供手段；语言测试是从语言教师到军队人员的所有职业使用与掌握语言应用之所需（Dan Douglas，2000）。目前军事院校尚未形成能满足军队需求、体现军队特色的军人外语能力标准。在此情况下，军事英语课堂教学不能忽视小范围的词汇测试、评估和反馈的作用。测试方式需灵活多样，可以是单次课直教词的测试，或主题直教词的测试或中期阶段性测试等。词汇测试可以围绕考察词汇记忆、词义、拼写、构词法、语义、语境等方面展开。词汇测试也可以通过听说、阅读素材测试进行。诊断测试的目的是确定学习者学习中的困难和存在的问题，为后续教学改进和实现教学目的提供依据，对军事英语教学设计和实施起到良性循环的诊断、跟踪、监测、反馈、反拨等作用。这一过程是引导学习者专注习得词汇特性、发现和掌握习得规律的认知升华过程。

2.4 军事英语课堂外延伸资源的开发与应用

在高效进行课堂教学的同时，ESP教学尤其需要重视教材和课外信息化辅助资料的开发与应用，为自主学习能力创造条件。可以依托教材，借助现代信息手段，将教材重难点内容或延伸内容转化为信息教学素材，如电子教材、微课、慕课，提供不受时空限制、开放的自主学习平台。此外，编写配有搭配知识、语境、定义或词源注释等词汇使用手册、练习或词源等趣味读物将有助于激发词汇习得兴趣和积极性。

3. 结语

军事英语是军事职业发展和人才培养之需，依赖军事院校的课堂教学。学生在军事英语学习方面具有较高的职业需求，但是军事术语习得为代表的语言认知和能力较低。军事英语教学面临的这些问题决定了军事英语有效教学中教师应发挥的关键中介作用。军事英语教学中，教师需要主动实现角色转变，并在实践中努力实现"中介者"的角色。

参考文献

[1] Dan Douglas. *Assessing Language for Specific Purposes* [M]. London: Cambridge University Press, 2000.

[2] Feuersein, R.P.S. Klein&Tannenbaum, A.J., *Mediated Learning Experience: Theoretical, Psychological and Learning Implications* [M]. London: Freund, 1991.

[3] Helen Basturkmen. *Developing Courses in English for Specific Purposes* [M]. New York: Palgrave Macmillan, 2010.

[4] 崔凌，刘洋，赵贵旺，等. 专门用途英语的学科体系模型 [J]. 中国ESP研究，2015（1）: 14-22.

[5] 郝鸿耀. 费厄斯坦中介理论的解读与应用研究 [J]. 教育与职业，2007（26）: 113-115.

[6] 马广惠. 英语词汇教学与研究 [M]. 北京：外语教学与研究出版社，2016.

[7] 杨华堂. 英语教师的中介作用调查 [J]. 外语界，2006（2）: 23-29; 34.

[8] 张萍. 二语词汇习得研究 [M]. 北京：外语教学与研究出版社，2020.

[9] 张萍，陈艳艳，徐宜莹，新词教学的呈现方式与二语词汇联想能力的动态发展 [J]. 外语学刊，2018（4）: 49-56.

[10] 周大军，李公昭，季压西. 军队院校外语教育军事转型之路——关于军事英语课程体系建构的思考 [J]. 海军工程大学学报（综合版），2012（3）: 90-93.

海军航空英语系列教材建设的研究与实践

陈　莉　徐晓娟　王淑东

（海军航空大学，山东烟台，264001）

摘要： 本文通过回顾相关 ESP 教材建设和研究的现状，结合海军航空英语系列教材编写和使用过程的经验，重点探讨了兵种特色教材编写涉及的诸多因素，如学习者需求分析、教材内容的重构、素材的选择、师资队伍建设等，以编促教，促进具有校本特色的专门用途英语课程建设与发展。

关键词： ESP 教材建设；航空英语；海军航空兵

1. 研究的背景

1.1 相关 ESP 教材建设情况

纵观现行的"军事英语"相关教材，主要分为国外原版教材引进改编和院校自编教材两大类。近十年来，军队院校纷纷开始开设具有军种特色和校本特色的专门用途英语（ESP）课程并编写了相关教材。例如，《军事英语听说教程》目前是军校普遍采用的通用军事英语教材，《军事英语》又为通用军事英语教学提供了新的选择。就航空英语 ESP 教材而言，《无线电陆空通话教程》等民航英语教材已在民航院校得到广泛使用。然而，军校培养的是有明确职业取向的群体，所学的英语理应为其部队岗位任职做好准备，因此，海军航空英语系列教材基于海军飞行人员的实际需求，在原有自编教材《海军飞行实用英语》的基础上，进行了教材内容全新调整和补充完善以及练习全面更新。

1.2 相关 ESP 教材建设研究情况

ESP 教材建设研究中比较典型的有 Hutchinson & Waters（1993）的需求分析理论，认为学习者需求是 ESP 教材建设的基础。Basturkmen（2010）研究了 ESP 课程设计的三个主要方面，特别强调课程内容的确定和语料的选择。蔡基刚教授早在 2004 年就提出专门用途英语将是我国大学英语教学的发展方向，近几年蔡教授还主导了高校 ESP 教材编写原则研究，基于需求分析探讨了 ESP 课程教学模式，指出了学习者需求对 ESP 课程建设的关键作用（蔡基刚，2012）。张艳艳（2019）基于需求分析理论探讨了学习者学习需求与 ESP 课程设计之间的关系，指出了 ESP 教材的开发要基于学习者需求，注重层次性、多样性和实用性。国内相关 ESP 教材建设研究对海军航空英语教材建设具有很高的参考价值。然而，值得注意的是，国内大部分研究停留在宏观层面，微观层面的研究还不够系统、不够深入，例如，ESP 教材任务设置和语料选择等方面。而在军事英语领域，对于 ESP 教材的研究还远远滞后，尤其是在军种兵种特色鲜明的教材的编写原则和选材内容方面。这都为海军航空英语教材建设项目提供了研究空间。

2. 研究的主要内容

本研究采用定性研究和定量研究相结合的方法，包括以问卷调查和测试为主要手段的定量分析，以及在此基础上的访谈和定性探讨。主要研究内容如下：

2.1 学习者需求分析

针对性是教材设计的最重要、最核心的一条原则，即设计任何教材的第一步都是需求分析，要使教材满足各方面尤其是学习者的需求（Harwood，2010）。针对海军航空兵兵种的特殊性和舰载机飞行用语的专属性，在教材编写的准备阶段，课题组首先全面了解学习者的需求，增强选材的精准性和实用性。主要包含三个阶段：（1）基于需求分析理论，设计学习者需求问卷以及访谈话题，综合考虑学习者的个人需求、学习需求、职业需求等要素；（2）对目标群体（潜在的飞行对象、在校学员以及部队官兵）进行问卷调查和访谈，收集数据；（3）通过数据分析，明确学习者需求，确定编写目标，规划教材体系。

从反馈来看，80% 以上的学员认为军校英语课程设置单一，教学内容与地方院校同质化，军兵种特色不足；能力培养岗位针对性不强，不能满足部队任职岗位对英语的需求。部队官兵对英语学习的需求主要表现在以下方面：掌握基本的飞行术语的表达；掌握与飞行和日常训练相关的航空专业英语知识；能用英语与外军进行基本交流，包括用英语向外军喊话；能在跨区转场飞行中使用标准的英语陆空通话；能读懂关于飞行的英语资料；能于联训联演中用英语进行技术和专业交流；能用英语下达任务简令；能翻译关于航空飞行的英语资料等等。

2.2 教材体系和内容的重构

基于对在校飞行学员和在职部队官兵的充分调研，课题组重构了海军航空英语系列教材体系并重新编排设计了主干教材内容，形成了一整套基于海军飞行人才培养方案课程设置的具有鲜明军兵种特色的全链路教材体系，涵盖了学前预备、在校教育和在职培训等各阶段，其中针对在校学员，编写了以海军航空专业英语知识为主的《海军飞行实用英语综合教程》、用于陆空通话能力训练的《海军航空兵飞行与指挥英语》；为航空少年班编写了《海军青少年航校学生飞行英语手册》；针对部队官兵编写了用于不同机型和训练阶段的航空英语培训手册。

以《海军飞行实用英语综合教程》为例，共10个单元，均与学员的未来职业密切相关，主题包括：海军飞行员素养、海军航空兵飞行训练、飞行日组训流程、飞机的结构与种类、空域和航空管制、基本飞行程序、飞行保障和地面勤务、航母舰载机操作、舰载直升机操作、航空安全。每单元三篇文章及辅助阅读材料均围绕一个主题，单元之间有逻辑性衔接，单元内容涉及术语训练、听说训练、综合阅读、任务输出。术语主要呈现与本单元密切相关的专有名词、军事术语、航空术语，配有中英文解释；听说训练部分侧重先听后说、听说结合，讨论单元相关话题；综合阅读按单元主题选取内容，强调通过阅读和相关练习，掌握海军航空英语基本专业知识和常用关键术语；任务输出要求完成基于单元内容的思维导图以及口语和写作产出任务。

2.3 素材的选择

如何选择恰当的素材是教材编写的一大难点。编写海军航空英语系列教材之前，确定ESP教材编写原则：即满足特殊需求原则、强调语言技能原则和体现练习真实性原则。同时，要明确ESP教材的评价标准，语言层面必须包含学习者学科专业中的常见词汇、句法结构和语篇功能；内容层面必须和学习者的学科有关联；从学习者角度，能否激发学习者的好奇和研究兴趣，是否具备学习者认为值得做的活动和任务。

课题组的选材正是基于以上ESP教材编写原则和评价标准。素材的主要来源是国际民航组织（ICAO）、美国联邦航空管理局（FAA）、欧洲民航组织（ECA）等的官方发布文件、美国海军航空兵训练总部网站和涉及军事、航空等的权威网站。虽然这些素材来源的权威性可以保证，但是往往篇幅较长，难易度也不一致，需要仔细筛选、删减、改编。另一方面，教材内容专业性不宜太强，但语言使用上要有行业代表性，尤其要有航空专业方面的常用词汇和一般科技文章的句法结构和表达方式等。练习编写不仅仅有专业知识的问答题，更重要的是突出英汉翻译、术语运用等语言练习题。

2.4 海军航空英语师资队伍建设

开设专门用途英语课程需要打造一支复合型的外语教师队伍。2018年以来，海军航空英语系列教材的建设倒逼了教员提升航空专业英语教学能力和军事素养。教材编写的过程也是教员不断学习熟悉航空专业英语知识的过程。教材不断校对修改，质量不断提升，教员的航空专业英语运用和理解能力也随之提升，目前参与教材编写的中青年教员均成为海军飞行实用英语课程的教学骨干。

　　翻译海军航空兵训练资料和英文版航空专业教材也是提升教员航空专业英语能力的重要途径，翻译过程中遇到的大量专业词汇，为教材编写积累了大量真实的语料，增加了教材编写的针对性。通过交叉听课、服务部队、翻译资料等各种途径，主讲教员100%实现了军事英语教学转型、90%以上胜任航空英语培训和航空英语翻译保障任务。相关项目获军队级教学成果二等奖1项。长于通用英语教学的师资队伍的航空英语教学能力得到明显提高。

3. 结语

　　尽管教材在教学中的作用非常重要，但教材研究一直是语言教学研究领域的弱项。加强对英语教材，特别是专门用途英语教材的开发与设计的研究非常必要。随着新时代军事教育方针的实施，军兵种特色教材和课程的开发必将成为必然。基于海军航空英语系列教材的研发，我们认为，在教材编写上，教学内容和方法应与课程目标相吻合，应该满足学习者的需求；好的ESP教材应能为学习者创造学习锻炼机会，使其变得更有创造性、建设性，更有能力和信心应对未来岗位的任职；同时，教师应该能将教材内化，以便使其适应所教授对象，并且能做到针对学生个体的不同需求和学习风格因材施教。

参考文献

[1] Basturkmen, H. *Developing Courses in English for Specific Purposes* [M]. Basingstoke: Palgrave Macmillan, 2010.

[2] Harwood, N. *English Language Teaching Materials: Theory and Practice* [M]. Cambridge: Cambridge University Press, 2010.

[3] Hutchinson, T. & Waters, A. *English for Specific Purposes: A Learning-centred Approach* [M]. Cambridge: Cambridge University Press, 1993.

[4] 蔡基刚. ESP与我国大学英语教学发展方向[J], 外语界, 2004（2）: 22-28.

[5] 蔡基刚. 基于需求分析的大学ESP课程模式研究[J], 外语教学, 2012（3）: 47-50.

[6] 张艳艳. 基于需求分析理论的学习需求调查与ESP课程设计研究[J], 教育理论与实践, 2019（15）: 53-55.

基金项目: 2018年山东省本科高校教学改革研究重点项目（D05）

国防语言能力建设

美军军队外语能力测评标准研究及启示

王华丹　杨洛茜

（陆军工程大学，江苏南京，210000）

摘要：本文介绍了美军最具代表性的军队外语能力测评标准——美国防部国防语言测试系统采用的ILR量表和美军开发的RP量表，从测评标准的维度、级别设置以及各级别描述语的撰写等方面分析了美军军队外语能力测评标准的具体内容，以期在新时代军事教育方针的指引下，为初步形成具备大学特色的军事英语测评标准提供思路。

关键词：测评标准；ILR量表；RP量表

1. 引言

"军队外语能力指一个国家的军队运用外语处理事件的能力，其服务范围包括常规战争、非常规战争（例如反恐、维和等）、军事科技、军事外交、军事情报等。"（文秋芳等，2011：1）外语能力已经成为我军事人员战斗力的组成部分，但对应的军队外语能力标准不够细致、定性成分多于定量成分，导致测评体系缺乏标准指引，只能暂时依托大学英语四六级、中国英语能力等级量表来衡量军事外语能力。这类通用性的测评标准缺乏军事指向性，无法全面反映军事人员跨文化军事交流的外语能力。

美军在军队外语能力标准设立方面比我国起步早，积累了相对丰富的经验，其中跨部门语言圆桌量表（Interagency Language Roundtable scale，以下称ILR量表）和区域能力分级量表（Regional Proficiency，以下称RP量表）最具代表性。

2. 美军军队外语能力测评标准

2.1 ILR量表

20世纪50年代，美国外交学院（Foreign Service Institute, FSI）将"外语能力"分为1到6六个级别，设计了第一版量表。1958年，FSI将"外语能力"细分为听、说、读、写四项技能，并按熟练程度分为0（无语言能力）到5（相当于受过良好教育的母语人士）6个级别。1968年，几个机构合作编写了四项技能各个级别的描述语。1985年，量表在跨部门语言圆桌会议主导下再次修订，在6个基本级别的基础上设置5个稍高级别（0+、1+、2+、3+、4+），这样，每项技能就有11个级别。2005年起，笔译、口译、听译、跨文化交际能力量表又相继开发出来，最终形成了包含听、说、读、写、笔译、口译、听译和跨文化交际八项语言技能级别描述的ILR量表，各级别能力的描述语详见https://www.govtilr.org/。

　　目前，美军使用第五代国防语言水平测试系统检测官兵外语"读"和"听"的能力，使用口语熟练水平测试检测"说"的能力。两种测试都以ILR量表为评分标准。

2.2 RP量表

　　美军按照ILR量表的分级办法开发区域能力分级量表，出现了参联会RP量表和国防部RP量表。

2.2.1 参联会RP量表

　　2006年，参联会颁布《外语与区域知识规划》(CJCSI 3126.01, Language and Regional Expertise Planning)，该份文件中的区域知识分级量表将区域知识分成0，0+，1"新手级"（Novice），2"入门级"(Associate)，3"初级专业"(Professional)，4"高级专业"(Senior Professional)和5"专家级"(Expert)共七个级别。每个级别都有具体的描述，此外，还对每个级别接受的地方院校教育背景、军事教育背景以及经历做出规定。

　　2013年，参联会修订第3126.01号指令，更名为《语言技能、区域知识和文化能力的识别、计划以及资源管理》(CJCSI 3126.01A, Language, Regional Expertise, and Culture <LREC> Capability Identification, Planning, and Sourcing)，将区域能力分为三个级别："基本级"（Basic）、"非常熟练级"（Fully Proficiency）和"大师级"（Master）。

2.2.2 国防部RP量表

　　2007年，美国国防部人事与战备副部长签发第5160.70号指令《国防部语言和区域能力管理办法》(DoD Instruction 5160.70, Management of DoD Language and Regional Proficiency Capabilities)。指令的附录三《区域熟练程度指南》将区域能力划分为六个级别，分别为0+"菜鸟级"（Pre-novice）、1"入门级"（Novice）、2"业余级"（Associate）、3"专业初级"（Professional）、4"专业高级"（Senior Professional）和5"专家级"（Expert）。每一级别的能力都给出了具体的描述。

　　2016年，美国国防部修订第5160.70号指令，更名为《国防语言、区域知识、文化能力项目管理》(DoD Instruction 5160.70, Management of the Defense Language, Regional Expertise, and Culture <LREC> Program)。新版指令沿用07版的区域能力分

级量表，并进一步调整和完善了每一个级别的描述语。每一级别含有5—8条描述语，共计40条。

3. 启示

ILR量表和RP量表是美军检测LREC能力的标准，量表呈现出维度广、级别多，各级别描述语不断完善和标准内涵一致的特点。

3.1 量表维度广、级别多

长期以来，美军试图从语言、区域知识和文化能力三个维度测评军队人员的LREC能力。虽然美军尚未开发独立的文化能力量表，但一直将区域知识和文化能力看作是不可分割的整体。此外，各维度又细化为不同子维度，ILR量表细化为听、说、读、写、笔译、口译、听译和跨文化交际八个子维度，从语言技能的各个方面衡量测试者的外语能力。RP量表细化为工作年限、区域知识程度、受教育培训程度、外语水平和综合运用能力等子维度。同时，量表级别划分细。ILR量表分为11个级别，2016版国防部的RP量表分为6个级别。不同岗位对外语能力的要求是不一样的，级别的细化为具体岗位外语人才的选定提供了依据，也为外语能力津贴的发放提供了依据。

3.2 各级别描述语不断完善

ILR量表和RP量表各级别的描述语经过多次的修改完善，描述语越来越凝练简洁，标准越来越清晰明确，考官能够按照量表提供的描述语对军人的外语能力做出客观、直观的评估，准确评定测试者的级别。首先，各级别描述语数量变少。以RP量表对5"专家级"的描述语为例，2006年多达13条，而2016年简化为8条，更加简洁明了。其次，各级别描述语更可测。06版对各级别的描述语多为"能够评估和描述"这一类比较宽泛的描述词，而07版和16版则调整为"能够撰写""能够讨论""能够预测"等。再次，描述语的具体内容有调整。比如，跟07版的RP量表相比，16版的降低了4"专业高级"和5"专家级"对该国或该区域使用的一种语言的语言技能要求，07版5"专家级"的要求是ILR 4，16版降为ILR 3+，但同时3到5级都增加了对第二门语言的要求，2级及2级以下对第二门语言不做要求。

3.3 标准内涵一致

美国防部和参联会对区域能力分级的标准还未达成统一，且均在试用中。虽然在分级量表中国防部和区域能力运用了不同的术语和分级方式，但是两类标准内涵基本相同。"国防部的分级描述更加细致全面，为各军种战区制定外语计划提供参照，参联会的分级描述更贴近军事现实，同时和军队其他军事能力的标准兼容性更强。"（陆丹云，2019：141）

4. 结语

2017年，军队院校"大学英语"课程教学大纲将军事英语能力划分为四个等级，每个等级从听力理解能力、口语表达能力、阅读理解能力、书面表达能力、翻译能力和推荐词汇量六个方面描述了军事英语能力培养与考核要求。这首次明确了统一的军队外语能力等级和标准，具有开创性的历史意义，但这些标准不够细化，不够明确。此外，标准的设定是否要加入区域知识和文化能力的评估与考核标准？每个级别的描述语如何更加精准？如何保持级与级之间的跨度相对均衡？等等，ILR量表和RP量表一定程度上在维度、级别设置和描述语撰写上为我军外语能力量表的设计和完善提供了思路。

设计科学可测的军队外语能力测评标准体系、实施以任职能力为指向的外语能力考核不仅有助于军队选拔执行涉外军事、非军事任务的人才，完善外语能力人才的职业发展路径，也对军校外语教学和语言培训具有不可低估的反拨作用。《新大纲》的颁布实施已经进入第五个年头，军队外语能力测评体系的建设迫在眉睫，而细化测评标准是这项工作的重中之重。

参考文献

[1] 陆丹云. 21世纪美军外语新战略研究[M]. 北京：时事出版社，2019.

[2] 文秋芳. 美国国防部新外语战略评析[J]. 外语教学与研究，2011（5）：738-747.

美军外语能力建设及启示

辛 昕 谢 川

（空军工程大学，陕西西安，710051）

摘要： 美军在经历阿富汗战争、伊拉克战争和叙利亚战争的过程中，进一步认识到外语能力对军事斗争的重要性，将外语能力定义为军队战斗力的要素之一，并且构建了外语能力建设体系。本文讨论了美军外语能力的 LREC 概念，介绍了美军外语能力建设的措施，包括基础能力建设和应急能力建设措施。最后，提出对我军外语能力建设的启示。

关键词： 美军；外语能力建设；措施

1. 引言

美军在海外驻军人数众多，并且进行了阿富汗战争、伊拉克战争和叙利亚战争等海外作战，深刻认识到外语能力对军队战斗力的重要性，出台了一系列防务文件来规范军队外语教育，包括 2005 年的《国防语言转型路线图》、2011 年的《语言技能、区域知识和文化能力战略规划（2011-2016）》等。除了美国国家和国防部层面的文件外，美军各军种还发布了符合自身特点与需求的文件。在这些文件的规范下，美军对外语能力进行了定义，并形成了包括基础能力建设和应急能力建设的外语能力建设体系。

2. 美军外语能力的 LREC 概念

美军将外语能力定义为军队战斗力核心要素，认为外语实战能力包括外语技能（Language Skills）、区域知识（Regional Expertise）和文化能力（Cultural Capabilities）三个战斗力要素，被称为 LREC 概念。其中外语技能指的是听、说、读、写、译等传统的外语技能。区域知识指对特定国家或地区的历史、政治、文化、语言、宗教、社会、经济、地理等方面的意识和理解。"文化能力指外交心态、文化学习能力、文化推理能力、跨文化互动能力等方面"（陆丹云，2019：17）。

美军认识到，要赢得战争，仅仅依靠军事打击是不够的，需要获得所在国民众的民心和支持，而获得民心需要用外语进行沟通，并且要了解当地的区域和文化知识，从而能够理解并影响所在国民众。

3. 美军外语能力建设的措施

美军一方面开展了基础外语能力建设，另一方面开展了应急外语能力建设。

3.1 基础外语能力建设

在外语技能建设方面，美军采取的措施包括：第一，采取津贴和奖金制度激励官兵学习外语。不论任何级别的军队人员，只要其掌握的外语在国防部急需语言目录中，且当前的外语能力测试等级符合要求，就给每人每个月每个语种发放100到500美元不等的外语津贴（焦新平，2019）。第二，美军推行"战略要地语言"教育计划，规定参加后备军官训练团的大学生要想从军方获得士官津贴和出国学习语言的机会，就必须达到一定外语水平。该计划还包括在海外驻地开办语言学习班和加强实地培训、筹建"民间翻译预备役部队"等内容（李志刚，2015）。第三，美国国防语言学院提供专业外语能力培训课程，共包含80多个模块，每一个模块对应一门课程（王萍，2018）。第四，美军还通过网络与在线游戏开展语言技能培训。国防语言学院外语中心推出了全球语言网络支持系统，提供40多门语种的学习服务。美国军方还开发了多种虚拟仿真游戏软件，为官兵免费提供法语、普什图语、达里语和阿拉伯语等在线课程和在线游戏（王萍，2018）。

在区域知识和文化能力建设方面，美军采取的措施包括：第一，开设通用区域和文化知识补习班。第二，依托角色扮演和虚拟现实技术开展跨文化模拟训练。美军建立了跨文化训练基地，采取真人角色扮演方式，开展交通岗哨值班检查、搜查恐怖分子等具有实战性质的模拟训练（李志刚，2015）。美军还利用虚拟现实技术开展跨文化模拟训练，官兵可以借助游戏学习阿拉伯国家的手势、动作等肢体语言的文化含义（王萍，2018）。第三，利用互联网进行远程跨文化教学。从2009年起，美国空军文化语言中心推出了远程跨文化教育课程，为在世界各地执行任务的美国军人提供文化教育课程（王萍，2018）。

3.2 应急外语能力建设

应急外语能力指在境内外突发紧急情境下（如自然灾害、战争、医疗救助、意外事故及冲突等突发的、涉及国家或者个人生命财产安全的情境），用来克服语言障碍造成的交际不畅的外语能力（滕延江，2018）。

3.2.1 国家语言服务团项目

美国国家语言服务团项目（National Language Service Corps，NLSC）为美军应急外语能力建设提供了支撑。国家语言服务团项目隶属于美国国防部下属的国防语言与国家安全教育办公室，受国家安全教育计划资助，采用志愿者招募方式，面向社会公开招募外语人才，将语言水平合格者纳入志愿者数据库，在紧急情况下国家语言服务团的工作人员进入数据库挑选相关人选（滕延江，2018）。

国家语言服务团项目采用军民融合发展的方式，将公益性与商业化相结合，必要时军队出资购买应急外语服务，可以降低运维成本，充分调动社会资源为国防行动服务。

3.2.2. 人文地形系统项目

美国军方和学术界联合起来，于2006年启动了"人文地形系统"项目，招募人类学家和社会学家担任部队的文化顾问，并收集阿富汗战争和伊拉克战争任务区内的文化、社会和经济等方面的人文信息（Finney，2008），"将这些信息分析加工后提供给部队指挥官，协助指挥官进行决策"（蒋国鹏，2010）。同时，人文地形系统项目还为美军官兵提供区域和文化知识培训。

人文地形系统项目在一定程度上解决了战争情况下的应急文化能力需求，并且为指挥官做出决策提供了区域和文化知识。

4. 对我军外语能力建设的启示

随着我军参与国际维和、联演联训和国际军事合作等的机会大幅增加，军队外语能力建设受到了各界关注。美军外语能力建设对我军有以下启示。

4.1 关于基础能力建设的启示

外语基础能力建设可以实行奖励机制，并且通过在线学习和虚拟游戏等多种方式开展。外语技能应包括通用外语技能和军事专业外语技能，并且应该着重培训学习者所属军种的相关外语技能。

关于区域知识和文化能力建设，可以建立情景模拟教学基地，组建对象国真人角色扮演队伍，开展具有实战性质的模拟训练。此外，还可以利用虚拟现实技术，模拟会议翻译和联合演习翻译等任务情境。

4.2 关于应急能力建设的启示

目前，外语应急能力建设已纳入我国政府规划并已开始前期工作。借鉴美国的经验教训，我国在开展外语应急能力建设时，可以关注以下方面。

第一，建立健全相关的法规制度。首先需要界定紧急及突发情况，在条文中详细说明哪些情况需要外语应急能力。此外，建立人员监测和审查制度，对涉及敏感问题和国家机密等的语言服务，提高申请门槛，增强安全性（滕延江，2018：37）。

第二，建立专门机构。外语应急能力建设应成立具体的组织机构，例如由国防部、外交部及教育部共同组成紧急语言服务专业委员会，下设办公室，具体负责协调、组织及监管有关业务。

第三，建立和完善外语人才数据库。在建立外语人才数据库时，需要注重"语言+专业"能力。此外，重视质量管理，严格监管人员招募、聘用、考核、服务标准等各个环节。外语人才储备需建立长效机制，做好成员的培训与发展，在招募后对成员继续进行外语和专业培训。

5. 结语

美军从实战中认识到外语能力的重要性，出台了一系列文件来规范外语教育，并且在提高外语基础能力和应急能力两方面采取了许多措施，包括采用奖励制度、专项教育计划、课堂授课、在线学习、虚拟游戏等，以及实施国家语言服务团项目和人文地形系统项目等，这些措施对我军开展外语能力建设颇具启发和借鉴意义。我军应从中吸取经验教训，重视外语基础能力和应急能力建设，从而更好地应对国家安全威胁、完成多样化军事任务、遂行国际和地区安全合作，以及履行国际义务。

参考文献

[1] Finney, N. *Human Terrain Team Handbook* [M]. Fort Leavenworth: Human Terrain System, 2008.

[2] 蒋国鹏."人文地图"能否帮助美国打赢"文化战争"[N].中国民族报.2010-4-2.

[3] 焦新平.美海军陆战队外语、区域知识、跨文化内里培养举措研究[J]，外语研究，2019（2）:36-41.

[4] 李志刚.美军海外作战跨文化适应能力建设[J]，国防科技，2015（2）:89-92.

[5] 陆丹云.国防语言战略视野下的外语实战能力生成模式：美军外语转型的启发[J]，外语研究，2019（6）:15-21.

[6] 滕延江.美国紧急语言服务体系的构建与启示[J]，北京第二外国语学院学报，2018（3）:32.

[7] 王萍，叶建军.关于我军整体外语能力建设的几点思考[J]，外语研究，2018（4）:53-58.

基金项目：空军工程大学2020年度基础部教育教学理论研究基金"国防语言战略视角下的美军外语能力建设研究及启示"

基于国防语言能力的英语语音教学空间探索

钱静红　路玮丽

（国防科技大学，江苏南京，210039）

摘要： 英语语音为我院国防语言（英语）课程体系的基础模块，旨在巩固和强化学员的语音素养，为课程体系中的其他课程打下坚实的英语语言基础。本文通过分析我院英语语音教学现状，探讨构建英语语音"1+X"立体化教学空间，提高学员语言基本功的同时进一步提高课程育人能力。

关键词： 国防语言；英语语音；教学空间

1. 引言

英语语音是我院"国防语言（英语）"课程体系之"通用型"课程群"基础英语"和"大学英语"课程内的基础模块，共30课时，通常在新学员入学后的第一学期系统展开。英语语音服务于国防语言（英语）课程体系的构建，旨在巩固和强化学员的语音素养，为课程体系中另外三个群（"功能型""技能型""拓展型"）的课程打下坚实的语言基础。著名语言学家A. C. Gimson曾说过："学习一门语言，只需掌握50—90%的语法和1%的词汇，但必须掌握100%的语音"（1994：167-168）。语音作为语言学习的基础和开始，是英语教学的重要环节，并且对英语词汇、听力、口语和阅读的提高都起着重要作用。

由于招生录取时无法设置英语单科成绩要求，我院学员的前测英语水平远低于地方英语专业院校，学员的英语语音状况更是存在较大个体差异，英语语音教学现状和教学目标之间的矛盾较为突出。传统教学模式的局限，语音课课时限制、大班教学以及课后练习时间缺乏等问题导致学员在经过系统语音学习后，语音总体水平提高不明显。为此，我院语音教学团队不断探索新的教学空间，克服大班教学的弊端，坚持"学为中心，练为过程"，充分利用我院"军网+民网"的双网优势和学员配发的移动终端，增强语音教学实时性与时效性。

2. 英语语音教学现状

2.1 英语语音基础薄弱

英语语音基础薄弱。最近三年新学员问卷调查显示，70%以上学员表示没学过或已不记得英语音标，超过30%的学员基本不会读音标，英语字母和音标混淆，分不清元音和辅音，句子重音和节奏知识缺乏，英语语调不正确，学员的语音基础总体较薄弱，对语音知识缺乏最基本的理解和认知。调查显示，上述问题主要源于中小学英语学习时期对语音教学的重视不够，教学重点主要是语法知识和应试训练。

音素发音不准。新学员普遍对音素的认识不够，大多数学员不知道英语有多少个音素，如何对音素进行区分。大部分学员没有发音器官的概念，感觉不到舌位的高低或者体会不到舌位的变化，进而影响他们掌握不同音素的发音方法。部分学员将双元音读成单元音，因为受到汉语的影响，有的学员将辅音读的得过重、过长，对音素发音技巧、加音、吞音方法等也一知半解。

语流音变意识薄弱。英语语流知识对于提高英语口语水平有着积极作用，但是根据我院新学员的实际情况来看，语流是他们英语语音中基础最为薄弱的一方面，具体表现为对英语的连读、弱读和爆破等发音规则理解困难，短时间内掌握困难。即使单个单词和词组发音正确，一到语流中就错误频出。单词的同化、减音、脱音方面的知识更加薄弱。多数学员在运用英语语音和语调的变化来表达特定感情方面也比较生硬。不知道什么时候该降调，什么时候该转化成升调，降升调与重音的变化更是难以掌握，从而导致语言交流过程中的信息传递失误。

2.2 语音教学长期效果不理想

基本掌握音素发音和语流音变规则。经过30课时系统语音教学，以19、20和21级相关专业362名学员语音教学为例，学员语音摸底考试相比验收考试均分提高约18分，60分以下学员人数从摸底考试的118人减少到23人，课堂教学效果较明显。进步最明显的项目为音标朗读部分，语音验收比语音摸底平均提高6分。由此可见，经过30课时系统语音教学，大部分学员已基本掌握音标的朗读和音节等基本语音知识，能够较准确地辨认音素并进行朗读。朗读短语、句子和段落这三项也表明大部分学员已基本了解和掌握连读、不完全爆破、同化和弱化等语流技巧，语调和节奏方面的意识大为改善。

语音学习后劲不足。语音系统学习结束后，学员英语学习重点转为听说读写译等综合能力的提高，由于受到英语传统学习习惯影响，学员们普遍认为语音学习成效慢，相比考级意义不大，语音学习没兴趣、没时间、缺乏动力的现象比较突出。为通过英语专四和四、六级等考试，学员们宁愿花费大量时间背单词和刷题也不愿意每天花时间朗读英语，导致学员语音综合素养逐渐退化，到了高年级，部分学员的语音能力甚至不如一二年级。

3. 构建英语语音"1+X"立体化教学空间

3.1 固线下面授之本

线下面授夯实语音基础。为有效提高并巩固学员的英语语音能力，我院语音教学逐步构建"1+X"立体化教学空间。"1"指以线下面授课堂作为多维教学空间之本，遵循语音教学规律，奠定英语学习和能力培养的基础。教员正确讲解和示范音素发音，尤其是针对学员较难掌握、易混淆的音素。对不完全爆破、辅音连缀、节奏和语调等大多数学员不甚熟悉的基本语音知识的讲解也尽可能通俗、易懂。

教学空间实现动态、平衡发展。根据学员学习兴趣和接受程度，语音课堂师生互动应确保最佳时空配置，可适当穿插进行学唱英文歌、猜谜语、绕口令和趣配音等活动，一定程度上激发学员学习语音的兴趣，减少反复练习可能带来的厌倦、枯燥感，推动语音课堂教学空间的动态与平衡发展。

3.2 拓语音教学空间

拓展语音教学空间。"1+X"立体化教学空间中的"X"指的是基于线下面授课堂，以第二课堂活动和网络课程等方式拓展教学空间，适度融入国防语言内容，构建立体化语音教学空间。为巩固学员语音系统学习的效果，语音教学逐步构建课内课外一体化、线上线下立体化教学空间。充分利用我院"军网+民网"的双网优势和学员配发的移动终端，开展具有国防语言特色的第二课堂活动（配音、演讲、辩论、情景剧等）。

构建全方位开放式学习。语音系统学习结束后，学员仍可通过"基础英语"和"大学英语"等课程的学习，合理利用zoom、雨课堂、腾讯会议等平台和软件，将语音教学空间拓展至全体学员，尤其经过系统学习，语音基础仍较为薄弱的学员。学院的虚拟仿真实训室、网络课程、在线平台和数字化学习终端等也将有效帮助后语音教学摆脱时空限制，增强教学的实时性与时效性，鼓励学员真正践行"随时随地"的开放式学习。

4. 结语

构建英语语音"1+X"立体化教学空间，将使语音教学空间由静态变为流动，由扁平趋向立体，进一步实现基础英语课程与"功能型""技能型""拓展型"课程之间的有机衔接，更好地为国防语言特色鲜明的英语课程打下坚实的语言与能力基础。同时，还将有效提高学员英语学习的兴趣与自主学习能力，为培养适应新时期军事斗争准备需要的以外语为基础、以情报为核心、以军事为支撑的综合型、应用型专业人才打下坚实基础。

参考文献

[1] Gimson, A. C. *An Introduction to the Pronunciation of English* [M]. London: Edward Arnold, 1994.

[2] 方瑞. 英语语音翻转课堂[M]. 杭州：浙江大学出版社，2018.

[3] 梁晓波，武啸剑. 世界一流军校人才培养中外语能力培养：以西点军校为例[J]. 外语研究，2019（2）: 23-29.

[4] 汪文珍. 英语语音 [M]. 上海：上海外语教育出版社，2008.

[5] 王桂珍. 英语语音教程[M]. 北京：高等教育出版社，2005.

[6] 文秋芳. 美国国防部新外语战略评析[J]. 外语教学与研究，2011（5）: 738-747.

[7] 文秋芳，苏静. 军队外语能力及其形成——来自美国《国防语言变革路线图》的启示[J]. 外语研究，2011（4）: 1-7.

[8] 许希明. 英汉语音对比研究[M]. 北京：外语教学与研究出版社，2019.

军队外语能力指标体系建构研究

李 贞 李永芹 武 辰

（武警指挥学院，天津 300250）

摘要：军队外语能力是一项特殊的战斗力，直接影响军队遂行涉外任务的过程与结果，其规划建设有利于建构中国军队良好形象，保障国家安全。本文厘清军队外语能力的内涵，尝试构建军队外语能力指标体系，并结合我军实际，在军事外语能力指标体系建设方面提出意见建议。

关键词：军队外语能力；指标体系；指标体系建设

当前，外语能力已成为军队建设发展和未来军事战争中的必要条件和基础保障。为切实建设我军外语资源，增强我军国际话语传播力，做好军队外语能力提升战略规划，构建军队外语能力指标体系迫在眉睫。本文拟从军队外语能力的内涵出发，尝试从宏观层面构建军队外语能力指标体系，并探讨加强军队外语能力指标体系建设的具体举措。

1. 军队外语能力

1.1 军队外语能力内涵

军队外语能力，是军队开发、配置和利用语言资源，为军队履行职能和建设发展提供服务和保障的综合能力，具体体现为军队为遂行以作战为中心的多样化军事任务，加强现代化建设，开发利用外语资源，培养造就语言人才，研发运用语言科技的综合能力。

1.2 军队外语能力指标体系

军队外语能力指标体系指的是军队应具备的整体宏观的语言能力模型、能力组成结构、能力配置导向、能力具体指标、具体能力指标细节要求以及能力学习、实现、测试、评估、再提高的循环往复的复杂体系与过程。

2. 军队外语能力指标体系初步构建

军队外语能力指标体系以外语资源建设能力、外语应用能力和外语战略能力三个方面作为一级指标。3个一级指标中，外语资源建设是基础，它直接关系到外语应用的质量和更高层次外语战略的运行；外语应用是核心，能直观地反映军队外语能力建设的水平；外语战略对外语资源建设和外语应用长远发展具有导向作用。

2.1 外语资源建设能力

2.1.1 语种资源

语种数量指军队现有的语种种类。根据国际语言使用人口和语言资源的分布状况以及我军使命任务，将语种资源主要分为关键语种、战略语种和普通语种3个3级指标。语种资源建设主要反映现有外语资源的数量以及每个语种使用人数的规模，是反映军队外语资源建设能力的基本指标。

2.1.2 外语质量

外语质量反映军队征集和调用各语种的能力，直接体现了军队外语能力的高低。外语质量包括了两个维度的三级指标，一是对各语种的精通程度。例如，军队外语人才中有多少人精通阿拉伯语，精通阿拉伯语的人能否对国家相关需求作出正确判断并完成任务。二是军内各类外语人才语言技能的类型。例如，能翻译外军战斗条令、战役规划手册的笔译人才；在联演联训中胜任口译任务的军事外语人才等。这两个维度直接反映了外语人才资源的丰富程度，是军队外语资源建设的核心，构成了外语资源建设能力的深度。

2.1.3 语言教育

语言教育是军队外语能力建设的基本途径。语言教育包括了两个三级指标，一是学校教育，其包含了学历教育阶段的外语课程、外语专业以及任职教育阶段提升外语能力的课程。二是军事职业教育，主要体现在军队人员通过军事职业教育平台参与的外语培训。

2.1.4 资源保障

资源保障是外语资源建设维持、发展和提升的一项基本制度。资源保障主要由两个3级指标构成：评估机制和资金投入。评估机制主要针对当前我军外语资源建设的发展现状，建立相关的评价和测试机制，为外语资源建设优化和提升提供科学依据。例如，美军拥有的跨军种语言备战指数系统，能及时更新美军语言人才的人员名单、所在单位及语言水平，为遂行任务提供可靠依据。资金投入指的是维护各类外语资源和提升外语资源能力所需的经费、资料以及设备等，这是外语资源能力建设的外在保障。

2.2 外语应用能力

外语应用能力反映的是军队实际运用、支配和管理外语资源的能力，具体指军队因国家防务需要和军队建设能够掌控和支配各类外语资源并能依据实际任务和情境配置语言资源的能力。结合军队中外语应用场景的特殊性，外语应用能力主要包括平时应用能力、战时应用能力和服务保障能力。

2.2.1 平时应用能力

平时应用能力是指军队在保障军事活动和建设发展领域能够满足军队遂行任务需要提供的各类外语服务，包括了军事外语教学、军事外训、演习任务和军事维和等领域。

2.2.2 战时应用能力

战时外语应用能力是军事外语能力特有的一种能力，指的是在国家进入战时状态时，能利用外语资源储备提供及时有效的外语服务的能力。战时应用能力包括了4个3级指标，包括情报获取与分析能力、外交谈判能力、战时宣传能力和战场交流能力。

2.2.3 服务保障能力

军事外语服务保障能力的保障机制包括服务规划和语言科技两个指标。外语服务规划主要体现在军队对平时和战时外语应用能力的整体规划以及管理和运营能力。语言科技是将技术发展与语言运用深度耦合，依托先进的技术构建多语种智能化服务平台，为提升军事外语服务保障能力提供技术支持。

2.3 外语战略能力

外语战略能力是军队基于外语资源建设的服务国防和军队建设整体战略的外语能力，它是军队外语能力长期发展的导向标。具体而言，军队外语战略能力主要包括了国际话语能力和核心语种能力。

2.3.1 国际话语能力

为本国在未来军事斗争中赢得主动权、军事话语权、决胜权，需要军队本身加强外语能力，首先打造国际话语能力，需要开展跨文化话语规划，利用国际语言发掘本土文化精髓，讲好新时代中国故事；其次，还应加强外语话语传播能力，在遂行涉外军事任务时，推进中国文化的传播，提升中华文明的海外传播力和影响力，文化"走出去"战略。

2.3.2 核心语种能力

核心语种能力主要包括核心语种和核心语种关键能力。依据我国主要安全威胁和军事力量部署，国家和军队对我军储备语种进行重要性优先性分层，层级最高的语种被称为核心语种，具有战略意义。核心语种还包括了核心语种应用中的关键能力，例如语言侦听能力、语音识别能力等。

3. 加强军事外语能力指标体系建设举措

3.1 成立专门的领导机构，加快研究制定军队外语能力指标体系

制定军队外语能力指标体系看似只是文字上的模型，实际上涉及诸多部门，没有一定具有相对权威的领导机构，外语能力指标体系无法获得重视和支持，调配的人员力量无法形成足够的合力，数量、质量均难以保证。当前，尽管我国军队外语能力建设研究取得了一定的成效，但指标体系建设仍处于起步阶段。因此，尽快成立相关专家委员会，以军兵种院校和科研机构为主力，在国家语委和地方语委指导下，合同军队对外交流部门，军队常年执行维和与国家军事行动部门，合理规划布局，推进相关战略，同时辅以翔实准确的调查数据，整合开发现有资源加快研究制定军队外语能力指标体系。

3.2 构建广泛合作机制，有效培育和开发军事外语资源

军队外语资源建设，应充分考虑我军现状及军兵种和各部门不同的需求。一是要依托军事院校和科研机构以及国内大量外语类院校培育多层次、多种类的外语资源。一方面，军事院校和科研机构长期从事军事外语教学和研究，熟悉部队的实际需求，能够有的放矢地培育军事外语能力；另一方面，融合国内众多外语类院校在能力建设方面的成果，形成多元力量合力，为改善和提高军队外语种类、质量水平，促进军事外语资源和谐发展。二是要用好三位一体人才培养体系，充分利用信息技术推进军事外语资源建设进入"快车道"。

3.3 学习外军先进经验，建立军事外语应用能力评价和监测中心

当前，国际形势波诡云谲，对我军遂行任务提出了更高要求。军事外语能力指标

体系建设，应当注意与国际同类标准接轨，同时也要充分考虑我军多样化军事任务的内在需求。参照国际一流军队的能力指标建设标准和经验。例如，美军已具备跨军种的语言战备指数系统，我军在军队内部成立能力评价和监测中心，分设不同部门，在宏观层面上，能够及时监测国际形势变化，了解外语需求，调查我军内部外语应用和外语资源活力。微观层面上，开发相应的军队人员外语能力检测系统，能及时更新检测结果，确保在任务中精准调配和管理所需人力。此中心提交的评价结果和监测报告能为制定军队外语能力指标体系提供重要的数据和现实参考。

参考文献

[1] 韩宝成. 国外语言能力量表述评[J]. 外语教学与研究，2006（6）: 443-450，480.

[2] 李苏鸣. 军事语言能力是一种特质战斗力[J]. 语言战略研究，2020（1）: 5-6.

[3] 梁晓波. 世界一流军队国防语言能力建设研究[J]. 解放军外国语学院学报，2018（6）: 10-18.

[4] 马晓雷，庞超伟. 军队外语能力的内涵及其规划路径——"基于能力的规划"的视角[J]. 中国外语，2019（4）: 29-36.

[5] 穆雷，杨双双，刘馨媛，蒋梦婷. 军队外语能力等级量表研究综述[J]. 外语研究，2020（3）: 60-66.

[6] 沈骑，陆珏璇. 全球城市外语能力指标体系构建[J]. 新疆师范大学学报，2022（1）: 84-93.

[7] 文秋芳. 国家语言能力的内涵及其评价指标[J]. 云南师范大学学报，2016（3）: 23-31.

[8] 文秋芳，苏静. 军队外语能力及其形成——来自美国《国防语言变革路线图》的启示[J]. 外语研究，2011（4）: 1-7，112.